シリコンバレーのVCは何を見ているのか

＝ベンチャーキャピタリスト

Perspective of Venture Capitalist in Silicon Valley

山本康正
Yasumasa Yamamoto

東洋経済新報社

はじめに

シリコンバレーの現実が、日本に伝わっていない

シリコンバレーや、テクノロジー、ベンチャー投資に関する本ならば、すでに多くの書籍が出ています。しかし、それは何年に出版されたものでしょうか？　生き馬の目を抜く、ドッグイヤーと言われるテクノロジーのビジネスの世界（もはやテクノロジーと無縁なビジネスは存在しないので、全業種ですが）で、2年以上前に最前線と言われた情報の多くは古びたものになっています（ベンチャーファイナンスの基礎などは変わっていない部分が多いので、この本では軽く触れるにとどめています）。

特に、新型コロナウイルスの世界的な流行のような大きな出来事の前と後では、デジタルトランスフォーメーション（DX）やオープンイノベーションの加速化など、多くの予想が修正を余儀なくされています。

また、このような混沌とした中で、何が正しい、有用なデータなのか、が見極めにくいの

は、ベンチャー投資の将来予測と危機への対策が難しいことと似ているところがあります。

誤った、もしくは古い情報に基づく意思決定は誤った結果になることが多く、ビジネスの意思決定をするリーダーの方々にとっては致命的になりかねません。

本来ならば、現地に2年に一回は訪れ、最先端にいる人を正しく見抜き、直接話を聞くことが一番ではあります。しかしながら、忙しく、規制などの理由もあり、なかなか現地に立ち寄ることができないビジネスリーダーの方々に向けて、知識をまとめて更新（アップデート）していただく一助となる視点を提供することを本書は目的としています（私よりも各分野で詳しい方はもちろんいらっしゃいます）。

イノベーションに関する報道や出版では、イスラエルや、ベルリンなど、目新しい地域への注目も高まっています。あたかもテクノロジーの中心地が変わったような印象を受けやすいですが、実際に10倍以上の差があるベンチャーファンドによる投資金額や、上場する企業の規模、シリコンバレーに新たにオフィスを構える海外企業が過去最高の規模であることを把握すれば、依然としてシリコンバレーが他を圧倒する巨大なイノベーションの中心地であることに変わりはありません。

ハーバード大学の大学院に通っていた２０１０年、私はシリコンバレーのベンチャーキャピタルで夏休みの間インターンをしていました。その後、8年ぶりにシリコンバレーに戻ってきて、驚いたことがあります。それは、シリコンバレーがまったく様変わりしていたことです。

多くの方がご存じだと思いますが、シリコンバレーはもともとIT（情報技術）の最先端の集積地として知られていました。今も、世界のテクノロジーのトレンドを知るには、シリコンバレーを見るのが一番だと思っています。

しかし、久しぶりに訪れて強く感じたのは、ここはもはやITだけの場所ではない、ということでした。ありとあらゆる業界・業種が、シリコンバレーにテクノロジーを求めてやってきていたのです。

例えば、小売世界最大手のウォルマートは創業1962年の巨人ながら、新規テクノロジーの導入にいち早く取り組んでいます。シリコンバレーにオフィスを構え、技術ベンチャーを買収しデータ解析を行い、多くの店舗で、スマホアプリによるオンライン購入、取り置き（車のトランクへの配達）、生鮮食品宅配サービスや物流の自動化を行っています。

新型コロナウイルス（COVID－19）による感染症により株式市場が下落する中でも、同社の株価は過去最高値をつけ、従業員向けに約600億円の賞与と15万人の臨時雇用を発表しています。

アマゾンなどのITベンチャーがテクノロジーを活用するのは当然のことですが、ウォルマートはテクノロジーの発展とは一見遠そうな小売業界に属する企業です。かつ、米国では老舗の企業であって、既存の店舗事業や、熟練の運営手法を自己否定することになろうとも、オンライン販売や購買のデータ解析など新しいテクノロジーを導入し続けています。

新しいテクノロジーを導入するのに、企業の「年齢」はあまり関係ないのかもしれません。その取り組みの差、後述する「未知の未知」を探索するオープンイノベーションの功拙により、2020年春に広がった感染症による明暗がはっきり分かれました。

コミュニティには簡単には入れない

自動運転、5G、AI（人工知能）、ブロックチェーン（分散型台帳技術）、フィンテック、レジなし店舗など、さまざまな先端技術のキーワードは、もはや単なるキーワードにとどまっていません。それをベースに新しい産業が、新しいビジネスがどんどん生まれ、同時に古い産業が厳しい状況を迎えようとしている。大きな変化は、すでに始まっているのです。

ところが、シリコンバレーで起こっていることが、日本になかなか伝わっていない、という現実があります。それには、はっきりとした理由があると私は感じています。シリコンバレーというエリアの特性によるものです。

株式を上場させている会社であれば、さまざまな情報が公開されることになりますし、その一方でインサイダー取引にならないよう、表に出してはいけない情報は、外には出さないようにします。

しかし、シリコンバレーにある多くの会社、未上場の会社では、必ずしもそうはなりません。いろいろな情報は、シリコンバレーの中だけで静かに流通していくのです。

しかも、それは多くの場合、クチコミによって、です。誰にでも手に入るわけではないのです。米国東海岸のニューヨークや、ワシントンDCには日本のメディアのアメリカ支局がありますが、シリコンバレーには記者の数が非常に少ないからです（映像メディアはほぼありません）。さらに輪をかけて悩ましいのは、日本でいう記者クラブのようなものはないので、情報へのアクセスが極めて難しいということです。

ニューヨークではある程度のインタビューができても、シリコンバレーでは日本のメディアの名前はなかなか通用せず、英語や、外国人であるというハンデもある中で、記者は大変な苦労をして取材源を探さなければなりません。また、テクノロジーとビジネスの両方に強い記者が多くないという事実もあります（技術だけに強い方はいらっしゃいますが、ビジネスと組み合わせて話せる人が不足しています。ほとんどの記者の方が記者以外の仕事をしたことがないという、日本独特の中途採用への冷遇も一つの理由だと思います）。そのため、日本のメディアで報じられるようなこともあまりない。

では、どんなところでクチコミが行き交うのかというと、シリコンバレーのインナーサークルというコミュニティなのです。起業家や創業者、ベンチャーキャピタリスト（投資家）などが構成している、シリコンバレー独自のコミュニティです。

問題は、このコミュニティには外部の人やメディアはなかなか入れないということです。シリコンバレーというと、オープンで明るくて情報が飛び交っているような印象を持っている人も少なくないようですが、実はそんなことはありません。

むしろコミュニティはかなり狭く、閉鎖的で、そうそう簡単に入れるものではないのです。日本企業から「駐在することになりました」と挨拶をしてコミュニティに入ろうにも、簡単な話ではないというのが現実なのです。

私は幸いにも、アメリカの大学で過ごし、シリコンバレーの会社で仕事をしていたこともあり、卒業生のコミュニティなどで、次世代テクノロジーの話やシリコンバレーで起きていることを、十分ではないですが知ることができています。

そもそもシリコンバレーは基本的に移民で成り立っています。中国人やインド人は次々にやってきていますので、続々とコミュニティに入ってきます。中国系は中国系で支え合い、インド系はインド系で支え合ったりします。ところが、日本人は絶対数が少なすぎるのです。また、日本という国への興味関心はシリコンバレーでは残念ながら極めて低い。だから、なかなかコミュニティに入れないのです。

ところが、こうした状況が、日本ではなかなか理解してもらえません。結果的に、シリコンバレーの表層的な情報だけが日本で報道されることになります。そこに大きなギャップが生まれてしまっているのです。

また、日本に出張する際に驚くのは、2年も前にシリコンバレーでポッドキャストなどで公開され、当たり前に流通していた話が、日本では今頃になって翻訳され、「これはすごい」とネット上で話題になっていたりすることです。何年もタイムラグが生じてしまうような状況が、たびたび起こっているのです。

シリコンバレーで何が起きているのか。テクノロジーがビジネスや生活をどう変えようとしているのか。コミュニティでは、どのような情報が流通しているのか。その現実を知っていただこうと、1冊の本にまとめたのが、本書です。

日本企業にはポテンシャルがある

私は大阪に生まれ、京都大学でバイオの研究をした後、東京大学大学院で環境問題を学びました。もともと国際公務員になることを考えていたのですが、さまざまなインターンを通じて、民間で働いてみなければ見えてこない景色があると感じました。

そこでニューヨーク支店に勤務することを条件に三菱東京ＵＦＪ銀行に入行しました。その後、ハーバード大学大学院で理学修士号を取得し、東日本大震災を機に、そのポテンシャルを知ったグーグルに入社して5年を過ごしました。２０１８年からシリコンバレーに居を移してベンチャー企業への投資を行うベンチャーキャピタリストを仕事にしています。

時間が割ける案件には限りがあるため、現在、積極的に関わっているのは個人的に話せる範囲では、10社ほどですが、創業期、いわゆるアーリーステージ投資を基本としていて、中には時価総額がすでに１０００億円を超えたユニコーン企業も出てきています。今も、さまざまに情報収集をしながら、投資を通じてのビジネス支援をしています。

数だけを最大化しようとすれば、例えば、質を問わずに手当たり次第に１００社に５００万円ずつ投資することもできますが、これでは一人が1社あたりにできる支援は微々たるものになってしまいます。後述することに関連しますが、投資した社数そのものにはあまり意味はありません。いかに目利きを通じて良い案件を厳選できるか、投資した企業が大成功するかに意味があります。いわば、数より質です。

シリコンバレーを拠点に活動していて改めて強く感じるのは、日本が置かれている厳しい状況です。1989年には時価総額世界トップ30社のうち、21社が日本企業でした。そこから約30年で、今やトヨタ自動車1社だけになっています。

今、世界で起きているのは、すべての企業がサービスカンパニー化していく流れです。そのプロセスでは､いろいろな産業が大変な影響を受ける可能性がある。そして､テクノロジーがビジネスのあり方を大きく変えています。

私としては、生まれ故郷である日本が潜在能力を十分に活用できているとは思えず、流行り言葉に惑わされず世界の市場で活躍の場を広げる日本企業が増えてほしいと切に願っています。今、起きていることを知り、早く手を打つことができれば、そのポテンシャルはまだまだあると思っています。

本書では、新しいテクノロジーがビジネスに与えるインパクトについて、マクロというよりはミクロの視点で説明しています。

日本企業で働くビジネスリーダーの皆さんが、10年先、20年先の未来を見据えて、進むべき方向、取り組むべきことを考えるに際して、本書が少しでもお役に立てば幸いです。

シリコンバレーのＶＣは何を見ているのか［目次］

はじめに　シリコンバレーの現実が、日本に伝わっていない　1

序章
投資家《ベンチャーキャピタリスト》として何を見ているのか

新型感染症など「未知の未知」に何ができるか　22
ベンチャー投資とは何か　28
世界を席巻するベンチャーを応援したい　32
日航機事故で父を亡くしてわかったこと　39
日本の学歴は海外ではほとんど通用しない　42
グーグルとの出会い。バンテージポイントから見えたもの　46
ベンチャー投資家の醍醐味　50

第1章

これまでの「ビジネスモデル」は通用しなくなる

先端のAIを日本はなぜすぐ評価できなかったのか　56

iPhoneの本質を完全にはき違えていた日本　59

シリコンバレーで人気ナンバーワンの車はテスラ　63

テクノロジーは消費者、ユーザーを強くする　69

このままでは日本の自動車メーカーは下請けの車体メーカーになる　74

テレビ局はネットに取って代わられる前に先手を打たなければならない　78

「こんまり」の米国での成功をなぜ予見できたのか　83

ネットフリックスの番組で大ブレイク　85

生産者直営でないリアル小売業は少なくなり、〝体験〟をする場所になる　88

仲介斡旋業はネットのレビューに置き換えられる　92

金融を脅かす「アップルカード」の衝撃　96
銀行の機能の大半が置き換えられる　101
競合は同じ業界にいるとは限らない　105
正解は常に変わる。過去の延長線上にはない　107

第2章

イノベーションによる大変動を捉える

イノベーションは異質なものの「新結合」から生まれる　114
なぜ、これほど急激にAIが進化したのか　117
中国はイノベーション大国である　121
ビジネスリーダーは料理人でなければならない　125
本業がずっと同じだなんて、ありえない　128
ビジネスモデルを大きく変えたマイクロソフト　132

「ハイパーループ」の時代には大阪―東京間で「航空」業界はなくなる 136
データ活用大国になるポテンシャルを活かせなかった日本 139

第3章 今、どのような技術、ベンチャーに注目しているか

サブスクリプション：その最大の魅力が日本では理解されていない 146
5G：動画とゲームが成長、アップルも動画配信サービスに参入 151
自動運転：決め手となるのはソフトウェア、データ力の勝負になる 156
テスラ：充電ステーションを拡充、地下トンネルも掘る 161
ブロックチェーン：改ざんが難しい認証の仕組みが多くの領域で普及する 165
AI（人工知能）：データ取り放題の中国がアメリカを猛追 170
信用スコア：情報をうまく使えば、実は正直者が得をする仕組み 174
人工肉：テクノロジーによる食革命が起きている 178

第4章

何を判断基準に投資をしているのか

投資家は常に未来の利益を見ている 184
アーリーステージ投資はリスクが大きいからリターンも大きい 186
最終的に判断するのは人物と熱意 188
ピボットできる柔軟性があるか 193
「会う」のは等価で情報交換できる人 197
流行り言葉に流されずに技術のマップを見る 200

第5章

「よい情報」を得るにはどうすればよいのか

シリコンバレーに来れば、良い案件に投資ができるわけではない　208
投資先は見られている。誰が投資したかも見られている　212
日本のコーポレートベンチャーキャピタルの危うさ　215
コマツ、東京海上など成功例に学ぶ　220
エースをシリコンバレーに送り込むべき　223
安易なアウトソーシングをしてはいけない　227
「フェイク」に騙されてはいけない　231

第6章

日本企業とその社員に未来はあるのか

経営の20年先を考え大胆に素早く行動できるか　236

リーダーに変革へのインセンティブを持たせるべき 238
利益が稼げるのはソフトウェアとサービスの組み合わせ 241
ソフトウェアとビジネスの両方がわかる専門家を取締役に登用すべき 245
お金で時間を買う「買収」のすすめ 249
データによる「おもてなし」ができるか 252
スマートシティのデータを開放する 254

第7章

これからを生き抜くスキルを身につける

基本は英語のメディアしか見ない、読まない 258
オープンになっている主な情報は「知っている」のが前提 262
日本の新聞を読むときに気を付けるべきこと 266
これから必須の能力になる数学、統計学 270

英語は独学でも学ぶことができる 276
金融×統計学×英語、「組み合わせ」の掛け算で強みをつくる 279
思考停止に陥ることなく、自分の価値観を持つ 283
「高い目標」をもって学び続ける 286

おわりに 290

Perspective of venture capitalist in Silicon Valley

序章

投資家《ベンチャーキャピタリスト》として何を見ているのか

新型感染症など「未知の未知」に何ができるか

新型コロナウイルス感染症という有事に際しても、新規の技術を取り込んでいくDX（デジタルトランスフォーメーション）は「まだ遠い話」と思っていたところは対応に遅れ、「今すぐやらないと次の変化に間に合わない」と愚直に強いビジョンと信念で体制を整えたところは、有利に事業を展開できています。

シリコンバレーの勢いがある企業でDXについて議論しているところはありません。弊害になっている古いシステムがそもそもなかったり、最先端のシステムをすでに導入したりしているからです。

DXが必要だと議論している時点で、相当なハンディキャップを背負っている状態なのです。最先端のテクノロジーを導入し続けている企業とは、かなりの差がついてしまっていると認識する必要があります。

また、DXに一度取り組んだからといって、それで終わるものではありません。最先端の企業と同じスピードでDXに取り組んだとしても、最先端の企業はさらに先を行っています。このためDXでは、最先端の企業以上のスピードで正しい方向に企業を変化させ続けなければばなりません。

DXは本来、企業の最高技術責任者（CTO）を含む経営陣が経営課題や経営ビジョンとして考え続けるもので、これは実際には大変なことです。世界の最先端の取り組みを知っているパートナーと組まなければ、あまり効果のない施策に時間や労力、資金を無駄に費やしてしまう可能性があります。

単にリスク回避としてのBCP（Business Continuity Plan：事業継続計画）としてだけではなく、10年後、20年後のあるべき姿として変化を考えれば、なるべくして有事に強い企業体になっているはずです。

この未知の感染症について何ができるかを模索し、異なる領域のさまざまな専門家との議論を通じ、いち早く解決策、製品を出しているのが強い企業体の特徴です。

例えば、ドライヤーなどの製造会社であるダイソンや、電気自動車を開発するテスラは、延命処置で必要な人工呼吸器をいち早く（ダイソンの場合10日間で）開発しました。テスラの場合は、社長のイーロン・マスク氏自身がSNSのツイッター（Twitter）を通じて、多くの専門家と議論し、現状を分析して何が必要とされているかをつかみ、すばやく開発に動きました。

もちろん、「自称専門家」も多い中、適切な情報を正しい人から得て形にしていったのです。

このような未知なる課題において、過去の解法をそのまま当てはめることはできません。何がこれまでと同じで、何が違うのかということを、常に入り続ける情報を処理しながら、走りながら見極める、ゼロから論理的に考える能力が重要になっています。

元米国防長官のドナルド・ラムズフェルド氏がイラク戦争の際に言及した「既知の未知(known unknowns)」と、「未知の未知(unknown unknowns)」を考慮しながら考えなければならないのです（図表0－1）。

これはいわゆるオープンイノベーションに通じるところがあります。異なる業種の人と議論をし、未知の未知を探索しながら、何ができるのか、正しい専門家を見極め、対話することが新しいイノベーションを生んでいきます。

反対に企業の取締役会が同じ業種の人たちやビジネスの最前線を知らない人ばかりだと、「既知の未知」への対応に時間が集中してしまうことにつながります。探索を通じて経営者自身が「未知の未知」への対応を意識的に増やさなければならない。これは研究開発部門に任せることができないのです。

未来を見通していた経営者の一人が、最先端のテクノロジー企業の一つであるマイクロソフトの創業者であるビル・ゲイツ氏です。50歳で引退後、取り組んでいく慈善事業の対象としては多くの候補がありましたが、ゲイツ氏は感染症に焦点を当てています。

図表0-1 「既知の未知」と「未知の未知」

	既知	未知
既知	既知の既知 ＝事実 気づいていて理解していること	既知の未知 気づいているが、理解できていないもの 対策：質問 同業者や知識人で経営陣を構成すると ここに時間が偏りやすい
未知	未知の既知 理解できるが、気づいていないこと 対策：直感	未知の未知 気づきも、理解もできていないこと 対策：探索 多様なテクノロジービジネスの最前線の人も 経営に参加し、意識的に探索する必要あり

ビル・ゲイツ氏の慈善事業への姿勢は5年前、2015年の年次所信表明に書かれた言葉に表れています。

「人々が、苦しんでいる人のことを心配するのは、その苦しみが目に見えている時だけであるという強烈な証拠があります。ひどい津波や地震が大きなニュースになれば、いつも世界中から惜しみない支援が注がれます。問題は、すでに進行中である致命的な病気や貧困といった悲劇は、なかなか大きなニュースにならないという点です。ほとんどの人にとっては見えない存在なのです。ですから、多くの人のせっかくの思いやりが、手つかずになっています」

テクノロジービジネスも同じですが、常に、まだトップニュースにまでなっていない、見えない問題について探索を続けなければなりません。ビル・ゲ

図表0-2　簡略化された主な産業分布

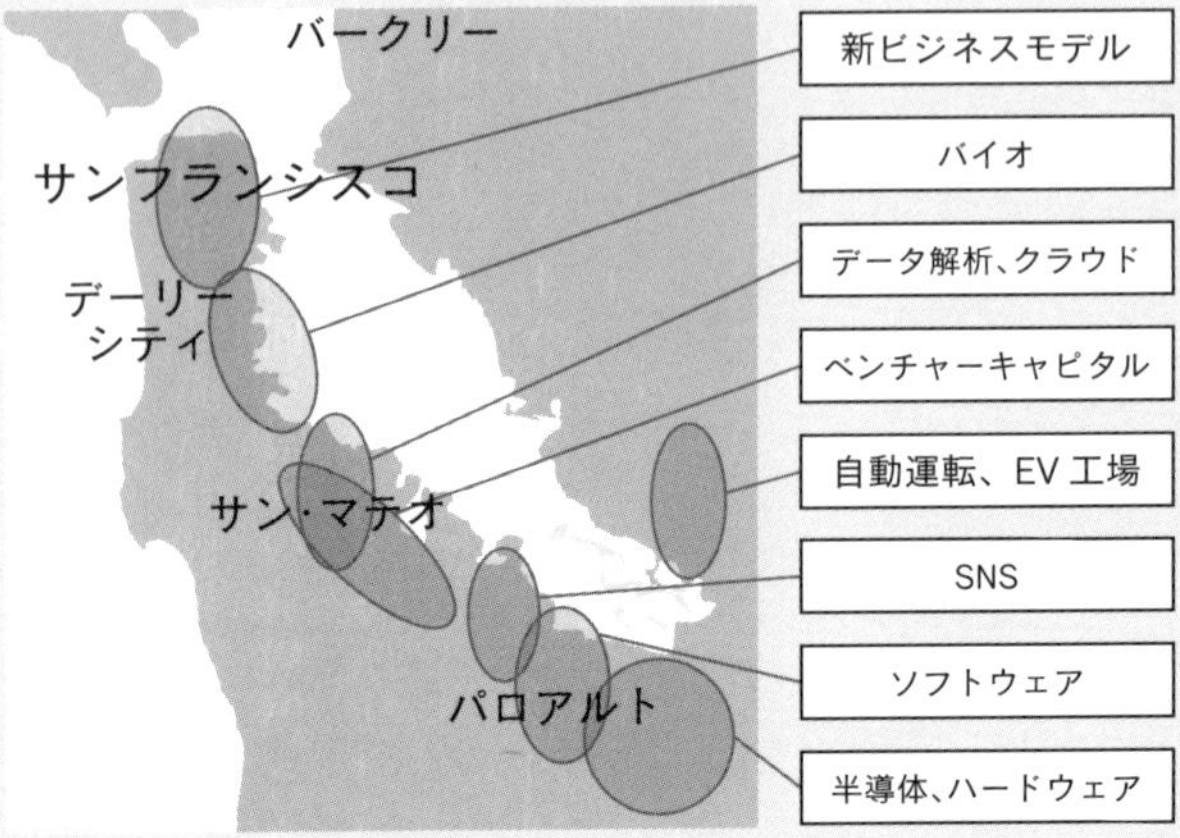

イツ氏が、「感染症は核兵器と同様に現代の人類の脅威である」と5年前に世界中に警告していたのは、決して偶然ではないでしょう。

シリコンバレーでは3月16日深夜に自宅避難勧告が発令され、医療機関等以外はオフィスに出勤することも避けるように要請されました。働き方改革の中でも自宅勤務など、社内システムや社内リソース、スキルが可視化され、SaaS（Software as a Service）としてリモートワークができる体制になっている企業は生産性の低下を防ぐことができました。一方で、その準備が間に合わなかったところは大幅な生産性低下が避けられません。

『週刊東洋経済』2020年新春号で

図表0-3　ベイエリアの日系企業数の推移

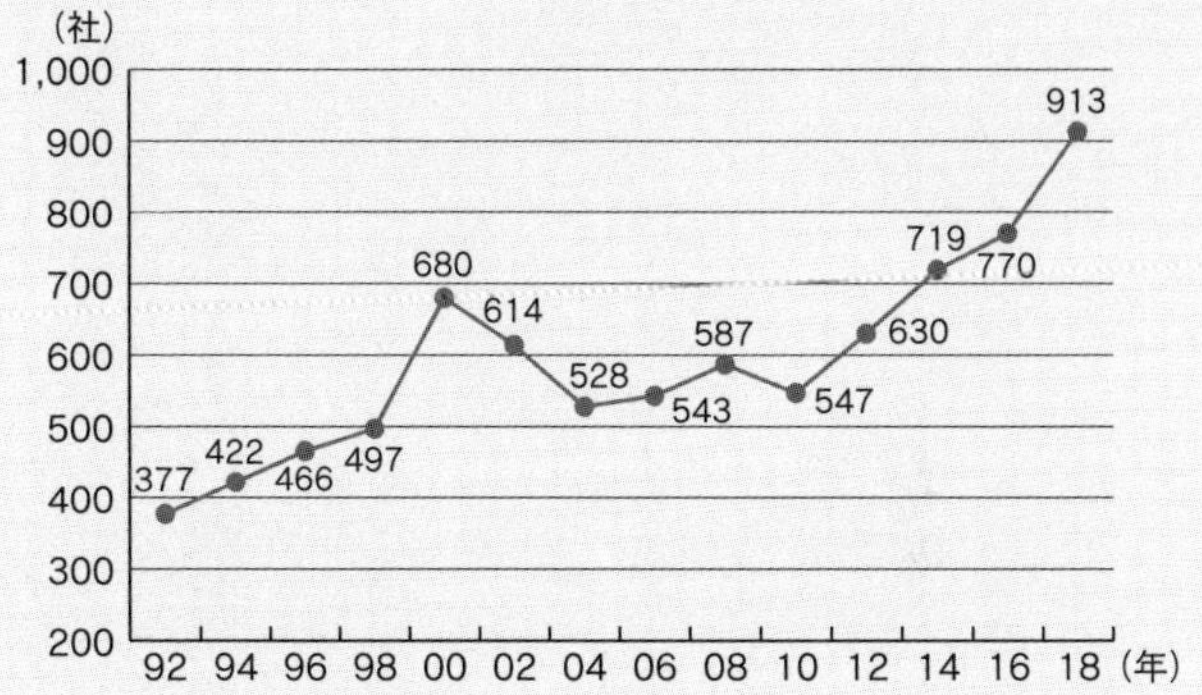

出所：「ベイエリア（北カリフォルニア）日系企業実態調査2018年（2018年8月）」
日本貿易振興機構

「2020年注目のテック企業」として筆者が取り上げた、主にB2B（法人向け）のビデオチャット企業のZoom（ズーム・ビデオ・コミュニケーションズ）は、固定電話からでも、スマートフォンからでも電話会議に入りやすいように設計されています。このため、慌てて電話会議の環境を設置する必要のあったさまざまな業界の企業の需要をうまく取り込み、やはり逆風の市場の中、2019年末から2020年3月までに利用者が20倍の2億人になるなど、力強い成長を示しました。

このようにシリコンバレーでは、業種を超え、新旧を問わず、さまざまな企業が新しいテクノロジー、新しいイノベーション、新しいビジネスを求めてやってきていて、実際に革新的なことが次々に起こっていたのです（図表0－2、0－3）。

ベンチャー投資とは何か

ベンチャー投資とは、まだ小規模で、これから急成長しようとする意思のある企業に資金提供をして、成長して上場か、売却したとき（この2つのイベントをエグジット、出口といいます）に報酬を得るという仕組みです。

ただ、小規模といってもまだ創業したてで製品が完成していないころ（エンジェル）から、製品ができて、市場と適合しているかどうか（PMF、プロダクトマーケットフィットといいます）を確認するアーリー（初期）ステージ、さらに十分に売り上げがあがって、社員も100人を超えるレイター（後期）ステージのベンチャーもあります。

特に製品ができる前と後は大事な時期です。例えば、製品ができる前に投資をするということは、その創業者や共同創業者の能力、人柄にすべてをかけることになるからです。

創業者はどのような世界観を持っているのか、どのような経歴なのか、人を惹き付ける魅力はあるのか、将来の売り上げ先を説得できそうなのか。一見、人当たりがよさそうだったり、ピカピカの経歴だったりしても、現実にうまくいくとは限りません。日本の教育では１００点が満点のことが多いですが、１００点のベンチャーなどありえないからです。

常に試行錯誤、製品自体を変えなければならない（ピボットといいます）こともあります。当初のプランどおりにうまくいく確率など、野球ではないですが、３割あればいいほうです。これが日本企業のいわゆる優秀とされる、ミスをしないほうがよいとされる文化との違いで誤解を生みやすいところです。

うまくいかない話というのは基本的にはメディアにも注目されず、角が立つ話が多いので、なかなか聞くことができません。逆に、うまくいった（風）に見える話はまるでスターのようにメディアは扱うので、実際の売り上げや利益の成長率がついていっていないことも多いのが実情です。ベンチャー業界でないところで普通に仕事をしていると、基本的には極度に偏っている情報を信じてしまっている状態であるということを確認することが大事です。

「10年前に起業したあいつはどうなったのだろうか？」

スターのような華々しい話が１％あるとすれば、その裏には、実際に知り合いで、仲のよい本人を飲みにでも誘うことでしか聞けない苦労話が99％を占めるほど、多く存在しています。

世の中に提供する製品（サービス）にもまた多くの試行錯誤がついてまわります。

例えば、流行り言葉であるサブスクリプション（定額制）サービスを、「利用客が一人増えるにあたっての運営維持コストが0に近い」という本質を知らずに、ある商材にあてはめてしまう。結局それは、リース（貸与）と変わらないビジネスモデルでうまくいかないというケースも出てきています。

その場合には製品（サービス）を変える必要があります。バスケットボールで軸足を変えずに向きを変えることに由来して、これを「ピボット」といいます。このときの軸足は何か、ということが大事です。

自分たちの会社、創業者の強みと、時代の消費者の求めているものを考えて、強みを軸としたものに製品（サービス）を変えていかなければなりません。なんでも変えてよいわけではないからです。

後述しますが、アップルがマックブックからiPhoneや、金融サービスなどを提供する業態に変わっているのもピボットですし、日本の大企業では富士フイルムが写真の現像から化粧品などにピボットしたことが有名です。

そこで大事なのはＰＭＦ（Product Market Fit：製品と市場の適合度）です。いくら素晴らしい製品を出しても、価格が高すぎたり、消費者に魅力が伝わらなかったりすれば売れません。

例えば、仮に初代iPhone（日本未発売）が100万円だったとして1997年に日本で使える形で発売されたとしても、高すぎて、購入する人が限られ、アプリの開発も進まなかったり、通信が遅すぎたりして、一部のマニア向けの商品になっていたでしょう。日本で、通信業者が差別化の一つとして、アップル創業者である故スティーブ・ジョブズ氏と交渉し、販売台数や割引を含めてiPhoneを独占販売したことで、消費者はお手頃な価格で購入ができたのです。

そして、携帯電話の通信規格は2008年まで世界中でバラバラでしたが、2008年導入の3Gで世界共通のものになりました。世界で同じものを生産して使えることから1台あたりの生産コストも下がり、通信速度も上がり、日本市場でも爆発的に普及したのです。

素晴らしい製品であることだけではなく、正しい売り方や、外部環境のちょうどよいタイミングも同様に大事なのです。

余談ですが、消費者に魅力が伝わるものの一つとして、創業者の製品（サービス）への情熱は大きく影響します。スティーブ・ジョブズ氏は音楽への情熱があったからこそ、製品開発にミュージシャンを入れたり、多くの音楽会社をiTunesやApple Musicの配信に巻き込んだりすることができました。アマゾンなど競合が後から入ってきた音楽配信サービスの中でもiPodの頃から20年経過しても主要なポジションを得ています。

一方で、アマゾンの創業者であるジェフ・ベゾス氏は、定型で扱いやすいとはいえ、本への情熱も強いために多くの出版業者を最初に巻き込み、キンドル（Kindle）という電子化に巻き込むことができました。

世界を席巻するベンチャーを応援したい

ベンチャー投資の領域もさまざまなので、得意とする領域は各ベンチャーキャピタリスト（投資家）によって違うことになります。

ベンチャー投資のステージと領域のイメージをまとめたものが図表0－4です。ベンチャー投資家が二、三の投資テーマを持っていて、それを総合したものが所属するベンチャーファンドの得意な分野になります。

また、地理的な制約もあるので、基本的に日本にいるベンチャーファンドは日本のベンチャーしか見ることができません。東南アジアであれば、東南アジアが専門になります。

大事なのは「その地理的な特性は本当に世界をひっくり返すほど大きいのか？」という点

図表0-4　ベンチャー投資のステージと領域のイメージ

投資ステージ	エンジェル	アーリー（初期）シリーズA〜B	レイター（後期）シリーズC〜F（企業による）	IPO/売却
特徴	まだ製品もできていない創業期。目利きがとても難しいが、リターンは大きい。	製品ができて売上ができはじめたところ。売上を増やしたいため大企業との連携が一番しやすい。	売上が増加し、上場への準備ができている。株主数も多く、投資をしても連携や、リターンは比較的少ない	日本では上場が多いが規模は米国の10分の1程度が多い。米国では売却が多い。
B2B（法人向け）		●ベンチャー投資家Aの得意な分野	日本ベンチャーファンドCの得意な分野	
フィンテック		●ベンチャー投資家Bの得意な分野		
SaaS（Software as a Service）		●ベンチャー投資家Cの得意な分野		
小売のテクノロジー		●ベンチャー投資家Aの得意な分野		
モビリティ		日米のベンチャーファンドAの得意な分野		
働き方改革		米国ベンチャーファンドBの得意な分野	東南アジアベンチャーファンドDの得意な分野	
スポーツ、教育				

です。ちょっと変わったベンチャーであれば無数に存在します。見極めなければならないのは、それが世界を変えるほどに成長するかどうかです。

世界を変えようとするベンチャーは、例えば、フェイスブック（Facebook）が創業期はボストンで、成長ステージではシリコンバレーに拠点を移したように、途中で地理的な場所を変えることができます。

ただ、成長市場がその地元であるならば、例えば東

図表0-5　ベンチャー企業の時価総額のイメージ

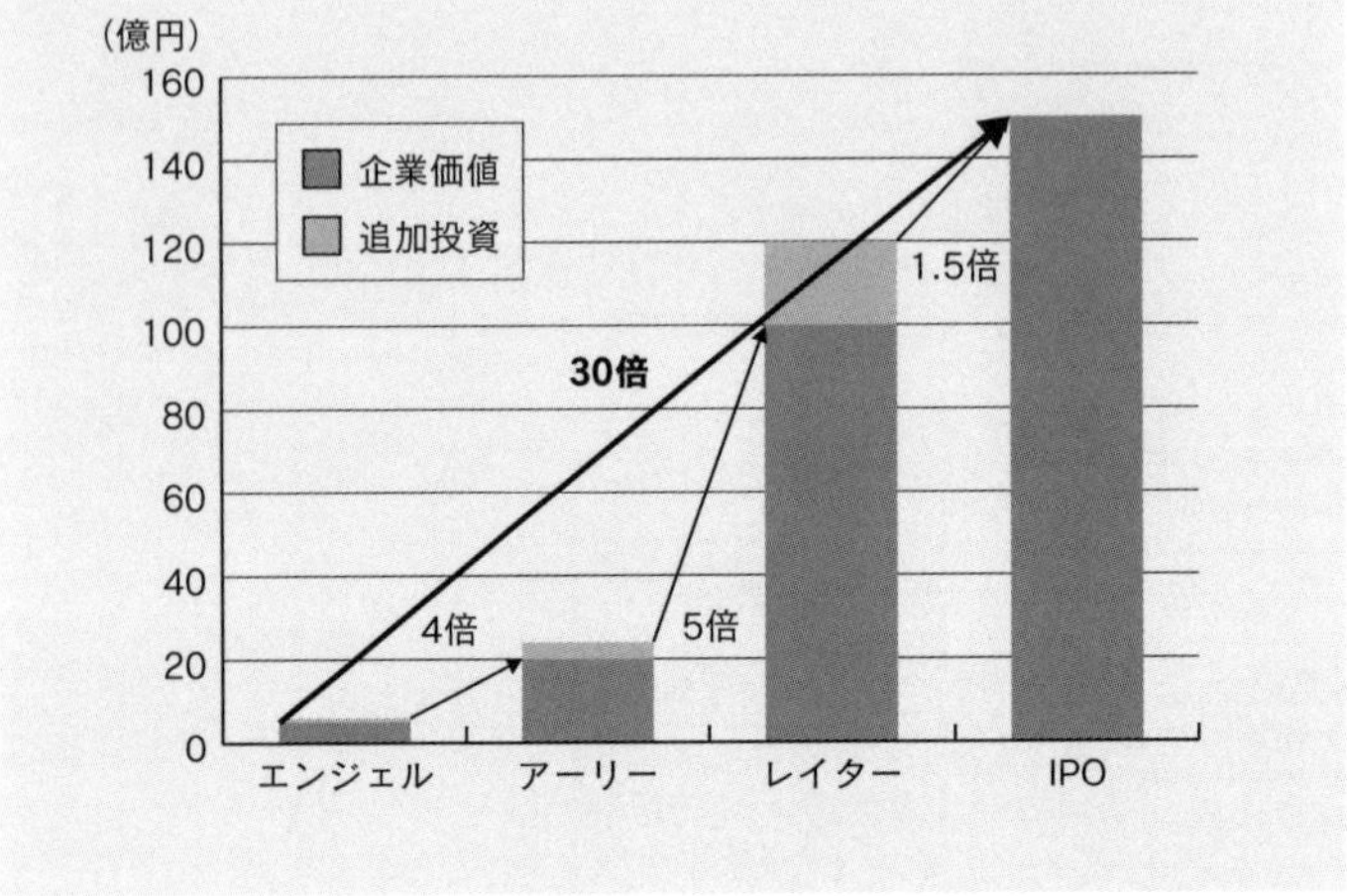

南アジアのスーパーアプリの成長企業であるグラブ（Grab）は、アメリカはあくまで技術開発拠点で、本拠地はマレーシアからシンガポールに変えただけです。もともとのビジネスはウーバー（Uber）から着想を得ているので、あえて米国から起業をしなかったという理由はあります。しかしながら、技術自体は米国が先行していることを考えると、もし、売り上げでなく、最新の技術を把握したければ米国を見ておく必要があるといえるでしょう。

基本的に、創業期に近いほど、倒産したり、事業がうまくいかなかったりする可能性は高いため、出資する場合の目利きが難しくなります。ただ、後述しますが、創業期に近いほ

図表0-6　ベンチャー企業の損益のイメージ

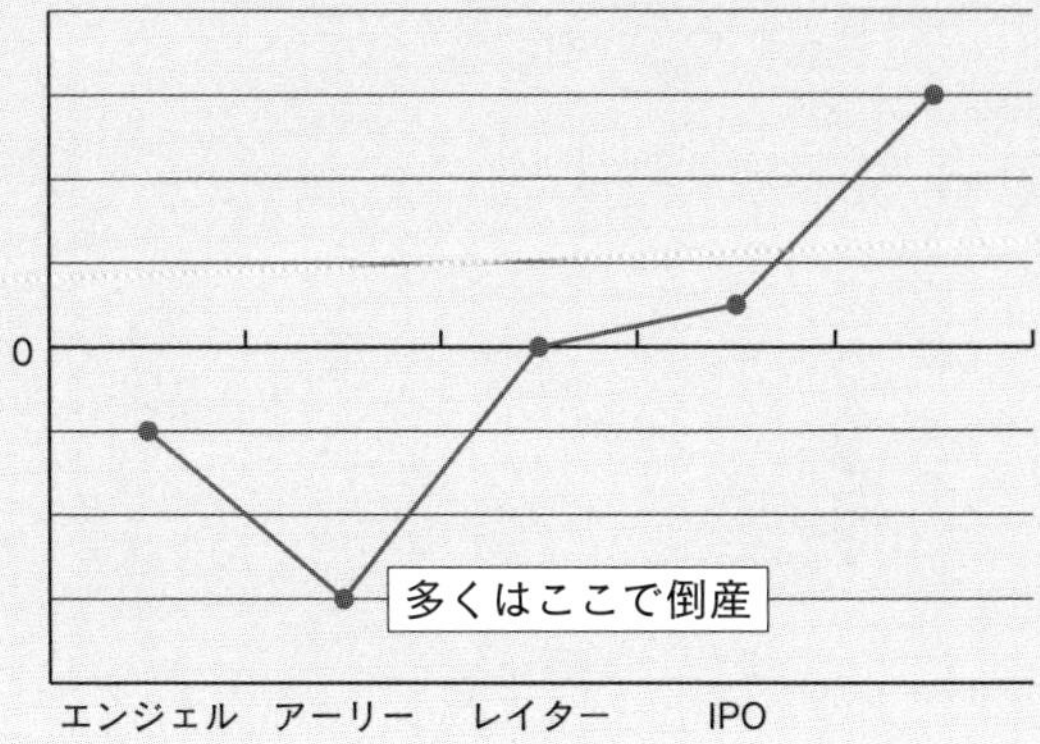

ど投資利益も大きいです。すでに大規模になっているベンチャー企業に出資するのは比較的簡単ですが、報酬は小さくなり、株主も50人を超えることも少なくないことから、株主一人ひとりの声、意見が通りにくくなります。

図表0－5と図表0－6に示したのが仮定の単純化したベンチャー企業の時価総額と損益のイメージです。

理論的には、時価総額は将来の利益を足し合わせた合計を現在の価値に直したものです（利益の予測は、実際はユーザー数の伸びなどで代替するしかないのですが）。アーリーステージまでは赤字で本当に黒字になるか不確かなため時価総額は低めです。黒字化が見えてきた場合（マーケティング費用・研究開発費など、攻めの

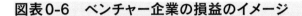

投資を除けばいつでも黒字にできます）には、時価総額は上昇します。

将来の売上がネットワーク効果もあり急速に伸びることが見込まれる場合には、時に級数的にも時価総額は上昇します。１００年の歴史のある大企業に、設立20年のベンチャーの時価総額が追いつき追い越す理由はそこにあります。

その見込みがついてから投資をすれば安全ではありますが、投資利益は限定的になります。近年ヘッジファンドやプライベートエクイティファンドなど、業界ごとに異業種がベンチャー投資に入ってくるのも、このレイターステージが多いです。

私は、どちらかというと小規模の頃からの投資を主にしています。業種は、ＡＩ（人工知能）、ブロックチェーン（フィンテック）などテクノロジー系から、日本文化に関連するものなど、さまざまです。

『人生がときめく片づけの魔法』がミリオンセラーとなった「こんまり」こと近藤麻理恵さんが米国に進出するに際しても、そのポテンシャルは大きいと考え、支援をしました。

大事にしているのは、「このビジネスは国境を越えて広がる可能性があるか？」ということです。

日本は生産人口が少なくなっていくという背景もあり、これからインド、インドネシアなどに経済で抜かれるのは時間の問題です。しかし、経済活動の規模としては今のところ世界でも第3位なので、ある程度の利益を求めるならば日本だけでもいいのかもしれません。私の個人的な意思としては、それよりも世界を席巻する、偉大な先輩企業でいうと、ソニー、トヨタ自動車、ホンダ、任天堂のようになるような意思を持つベンチャーを応援したいと思っています。

同時に、海外の優れたテクノロジーで、日本企業に資するようなところにも目を向けています。テクノロジーというのはもはや国境を簡単に越えるので、新しいテクノロジーを導入するならば世界最先端のものを入れなければ、これからの熾烈な戦いを勝ち抜くことは難しくなるからです。

また、日本と世界とでは、規模も違います。日本での東証マザーズに上場する時価総額の中央値（平均ではありません）が50億円ぐらいだとすれば、アメリカのナスダックは約500億円と10倍の違いがあります。国の人口で3倍、経済の規模を表すGDPでも4倍の違いだとしても、ベンチャーの規模の違いがさらに大きいことがわかります。

ベンチャーでも大きいところだと創業8年で上場時の時価総額が約6兆円と、創業70年で世界展開しているホンダと同規模の時価総額のものが出てくるのです。それも一社ではなく、数年に一度複数出てきます。

もちろん、国際展開の動きも速く、このベンチャーの動きをよく見ておかなければ先は読めません。日本で時価総額が最大の企業は2020年3月時点で、創業約80年のトヨタ自動車の20兆円ですが、世界のベンチャーは創業20年ちょっとでその5倍近い、時価総額100兆円の企業が数社あります（特に、後述しますが、「データは新しい石油である」という理解が広まった2017年から2020年までで時価総額が約2倍になっている企業もあります）。

もし、海外の知識が2年ほどアップデートされていなければ、それだけで致命的な経営判断ミスになりかねず、そのスピードはさらに速まっています。

例えば、ベンチャーを考えるにあたって、日本から海外に通用しそうな日本文化としては、抹茶があるでしょう。健康志向もあって、コーヒーのカフェインよりも健康に優しい抹茶が注目を集め、サンフランシスコや、ロサンゼルスで抹茶カフェが出てきています。スターバックスや、ピーツコーヒーでも抹茶ラテなどが自然に置かれているのです。

外資系のホテルやオフィスには、コーヒーを自動的に作るネスプレッソがあると思います。その抹茶版があってもおかしくないのではないかということで、抹茶を手軽に自宅、ホテルやオフィスで飲める機械と茶葉をサブスクリプションモデルで販売するベンチャーもあります。

他にはモチも餅アイス（日本でいうと雪見だいふくでしょうか）などがトレンドになってきていますし、スキーリゾートの北海道のニセコなども海外の富裕層向けでは大変な人気です。

日本だけにいると、日本の良さが相対的にはわかりにくいことがあります。片づけの魔法で日本以上に世界で有名になったこんまりさんもそうですが、外に出てみて、何が評価されるか、常に意見を聞く必要があります。

日航機事故で父を亡くしてわかったこと

なぜ今、ベンチャーキャピタリストとして仕事をしているのか。それは、少しでも世の中をよくすることができたら、という思いから始まっています。

私は、父を1985年の日本航空の御巣鷹山の事故で亡くしました。当時、4歳でした。その頃からずっと感じていたのは、社会のセーフティネットというものが、実はあまりないということです。

父という一家の大黒柱が亡くなり、母子家庭になってしまったわけですが、これは実際には本当に大変なことでした。しかし、困っている人は、「自分は困っています」とは言えないのです。自分がみじめになってしまうからです。

何か世の中の役に立つことはできないか。そんな思いを幼い頃から持っていた私が、まず頭に思い浮かべたのが、研究者になることでした。DNAの二重らせん構造を解明したジェームズ・ワトソン氏がノーベル賞を受賞し、これからは生命科学の時代が来る、と感じて自然科学の分野に強い京都大学に進学しました。

農学部でバイオの勉強をしていたのですが、2年でほぼ単位を取り終えてしまいました。研究室の中だけではなく、もっと広く外を見てみたい、という思いがあり、ちょうど英語を学ぶこともできる、と交換留学でニュージーランドのオークランド大学に留学しました。環境問題への関心が高い国です。

実際、行ってみると、遺伝子組み換え食品が環境を破壊している、と激しいデモが行われていました。私は分子細胞生物学や生物学を勉強していたのに、それが社会にどんなインパクトを与えているのかを知りませんでした。

衝撃を受け、研究以外にも自分にできることがあるのではないかと感じました。そこで一度、外の世界に出て環境問題を勉強するため、東京大学の大学院に進学しました。環境学、環境破壊の裏にある貧困問題など、環境と社会の表裏一体の関係やテクノロジーについて学びました。

このとき、自分の将来について頭に描いていたのは、国家公務員あるいは国際公務員になることでした。大学院では工学やインフラ開発など幅広い勉強をすることになりましたが、このとき印象深かったのは、外務省でのインターンでした。

外務省の中で働いている人たちと、多くのコミュニケーションを取らせてもらいました。建前の話だけではなく、ざっくばらんに本音を聞かせてもらうことができました。

もちろん、みなさん大変な使命感を持って仕事をされていて、素晴らしい環境だと思いました。しかし一方で、課長補佐になるには10年以上かかり、局長になるには20年以上かかるという厳然たる現実がありました。

仮に国家公務員になったとしても、自分がやりたいと思うことをやれるまでに20年、30年とかかってしまう。簡単にポジションと実行力は手にできないのです。しかも、どれだけ頑張っても、その頑張りが報いられるかどうかは、実はわかりません。

そして、どんなに能力があっても、年次というものを超えることはできないように感じました。それを当たり前だと捉えて、やりたいことができる年次まで待って頑張るべきなのか……。いや、それは自分には合わない、と思いました。

さらに実務として、政府開発援助の実態も見ることになりました。短期任期付きの職員としてのインターンでしたが、このとき担当したのが、円借款、いわゆるＯＤＡ（政府開発援助）でした。しかし、ここにもさまざまな課題があると感じました。

例えば、開発援助に回るお金が50億円あったとしても、承認までに1年、1年半とかかってしまう。長過ぎるのです。一方、新聞などで民間の動きを見ていると、同じ50億円の案件が1カ月ほどで決まっていったりする。

同じお金でも民間のほうが早く動かせるということです。しかも途上国開発に回っている非営利のお金は全体の1％以下で、99％以上は民間です。だとすれば、民間で回っているお金の流れとそのやり方こそをまずは学ばなければいけないのではないか、と思ったのです。

日本の学歴は海外ではほとんど通用しない

こうして最初の就職先として考えたのが、民間の金融機関でした。このとき私にはひとつ、決めていたことがありました。それは、世界の金融の中心地であるニューヨークで働きたい、ということです。金融は国境を越えており、海外の仕組みが遅れて日本にやってきているのではないか、最先端の地でなければ見えないものがあると思ったからです。三菱東京ＵＦＪ銀行に入りましたが、ニューヨークで働けることが入行の条件でした。

日本の銀行でそんなことができるのか、と思われるかもしれませんが、当時面接の際、この希望を伝えたら、2年間、東京で働いてから行くか、それともそのままニューヨークに行くか、2つのパスがあることを知ったのです。

他にも内定先がありましたから、それも踏まえて、ニューヨーク勤務なら入行する旨を伝えて交渉しました。英語ができたということもあり、柔軟に対応してもらえたのだと思います。最初からニューヨーク勤務という条件で内定をもらい、入社したのでした。

担当は債券。当時はニューヨークで試した金融商品が5年、10年遅れて東京に入ってくる、という時代です。不動産担保証券など、最先端の金融ビジネスを学ぶことができました。

このとき強く印象に残ったのは、驚くほど徹底的なデータの分析でした。とにかく細かく細かく統計を分析し、そこから等級を分けることによって最適なリスク配分をする。徹底的にリスクが洗い出されるからこそ、そのリターンを求める人も現れてくる。そのために、いかにデータが重要か、データ分析が求められるか、知ることになりました。

そしてもうひとつ、これは後にありがたい経験だったとわかるのですが、ニューヨークにいたことで、いわゆるアメリカ東海岸の論理が理解できたことです。シリコンバレーのあるカリフォルニア州などアメリカ西海岸とは、カルチャーがまるで違うからです。東京と大阪の笑いのツボが違うように、と表現すればわかりやすいでしょうか。

最初に西海岸を経験し、これがアメリカだと思って東海岸に行くと大いに戸惑うことになります。実際、西海岸だけを見て、東海岸の伝統的なアメリカ社会がどうなっているかを理解できていない人は少なくありません。ニューヨークで仕事ができたことは、その意味でも貴重な経験でした。

銀行に入った目的は、金融の仕組み、世の中の仕組みを知るためでした。いずれはWHOや世界銀行など、国際機関で働こうと考えていました。その修行のつもりでした。しかし、ニューヨークでは世界の現実を知ることになりました。

そのひとつが、東京大学や京都大学はあまり知られていない、ということです。ハーバード、スタンフォードはもちろんですが、中国の清華大学、北京大学のほうが有名なのです。中国がWTOに加盟し、存在感を高める中で、日本の存在感の低下は明らかでした。

実際、行内では日本の大学の名前は知られていますが、一歩外に出ると、大学関係者以外は誰も日本の大学の名前なんて知らないのです。国際公務員を目指そうと思っていたわけですから、これは大事なことでした。とても強い危機感を覚えました。30代半ばの東京大学や京都大学の先輩たちからは、率直にこう言われました。

「将来のことを考えるなら、アメリカの学位を取ったほうがいい」

そこで、ハーバード大学の大学院に進むことを決めました。バイオという理系のバックグラウンドと金融という自分のキャリア、さらには国際公務員を意識して、パブリックヘルス、公衆衛生を学ぼうと考えました。身体的な健康のみならず、精神や貧困、環境など、さまざまなところから社会全体の幸せを考える、という領域です。

2009年、28歳で入学して2年在籍し、理学修士号をとって卒業しました。ハーバードではクロスレジストレーション（相互履修登録）という他の大学院の授業も一定の条件を満たせば単位になるという仕組みがあり、このとき同じ授業を受けた同級生に、東南アジアのウーバーと言われて急成長しているグラブの創業者、アンソニー・タンがいます。彼はマレーシアの財閥の家系で、裕福な家庭で育ちました。

家業を継ぐ道もあった彼が、わざわざボストンに来て、意欲的に挑戦する姿を見て、グローバル競争の激しさと志の高さを目の当たりにすることになりました。

そしてハーバードにいるとき、大きな学びを得たのが、またもやインターンでした。スイスのジュネーブで国際機関のインターンを経験し、その仕事の醍醐味もよくわかったのですが、もうひとつわかったことがありました。それは、やはりステークホルダー（利害関係者）が多すぎると何をやるにも時間がかかるということです。公的機関というのは、多くの国との調整が必要なため、やはり意思決定と仕事の実行のスピードが遅いのです。

一方で、ブログの読者だったことからご縁をもらった岩瀬大輔さんが日本生命出身のベテラン出口治明さんと創業した日本のベンチャー企業、ライフネット生命でもインターンをさせていただきました。ちょうど立ち上げ期でしたが、新しい事業を興すダイナミズムはなかなかに刺激的でした。

岩瀬さんはハーバードの先輩ですが、岩瀬さん、出口さんのほかにも優秀な人の層が厚く、このとき知ったのが、ベンチャーには想像以上に優秀な人、面白い人がいるということでした。そして将来を改めて模索していたとき、あの地震が起こりました。東日本大震災です。

グーグルとの出会い。バンテージポイントから見えたもの

ハーバードを出た後は、国際機関への進路を考えていましたが、インターンを通じて民間のダイナミズムに魅力を感じるようになっていきました。そんなときに起きたのが、東日本大震災でした。

東北地方では、あちこち道が分断され、緊急物資が運べないような事態が起きていたのですが、どこの道路が通れるのか、誰がどこの施設に避難しているのか、検索できるサービスを提供している民間企業がありました。グーグルでした。しかも、そのプロジェクトを担当していた一人は、ハーバードの先輩でした。彼は仙台出身で、東北には強い思い入れがあったようです。なんとかしなければいけないということで、グーグルマップチームや社外であ

るカーナビ会社の協力もありサービスを実現させたのでした。

公的セクターではなく、民間企業にこれだけのことができてしまう。しかも、テクノロジーを使ってできてしまう。社会に大きなインパクトを与える活動を行うことができる。このことにとても強い衝撃、そして感銘を受けました。

民間でも最先端のテクノロジーがあれば、人のため、社会のためにできることがたくさんある。これは、先端テクノロジーを勉強しないといけない、と思いました。これが、グーグルに入った理由でした。

ニューヨークに行ったこと、ハーバードに行ったこともそうでしたが、この選択は正しかったと思っています。これはライフネット生命の創業者、岩瀬さんの受け売りなのですが、バンテージポイント、見晴らしのいい場所に行くからこそ、見える景色があるのです。

ニューヨークは、世界の金融の中心地でした。金融の世界を見るには、最も見晴らしのいいバンテージポイントでした。その見晴らしの中から、ハーバードという次の選択肢を見つけることができました。

ハーバードもバンテージポイントでした。世界で最も優秀な学生が集まる大学であることは、世界中に認知されています。ハーバードから見れば、いろいろな大学の研究を見ることができる。逆は、そうはいきません。

そしてテクノロジーの領域では、グーグルこそバンテージポイントでした。アップルやフェイスブック、アマゾンという選択肢もあるのかもしれませんが、グーグルにはほとんどすべてがありました。検索サービスからブラウザ、マップ、ゲーム、スマートフォンなどのハードウェアもあった。デジタル化のほぼすべてを見ることができたのです。

私は銀行出身ということで、金融テクノロジー、フィンテックを中心に担当しました。AI（人工知能）など新しい技術を活用して、銀行、証券、保険がどう変わっていくか、約4年、研究しました。

改めて痛感したのは、データというものがより大きな意味を持ってくるということです。金融は基本的に情報の非対称性から利益を得るビジネスです。例えば、その会社なり個人のリスク情報を知っていれば、金利を低くして貸せます。しかし、知らなければ、それはできない。それだけリスクにさらされる危険が高まります。

より多くの情報を持っていることで、より適正な収益を得ることができるわけです。情報とはつまり、データです。データを扱うITと金融は極めて近い存在なのです。その意味で、データこそが次の「石油」になるのではないか、ということが入ってすぐにわかりました。

データがなければ、判断のしようがないのです。では、そのデータは誰が持っているのか。誰が集められるのか……。

まさに、それを集める競争こそが行われていたのです。膨大な検索データ。広告のデータ。写真のデータ……。いわゆるGAFA（グーグル、アップル、フェイスブック、アマゾン）には、さまざまなデータが集まっています。そのデータから、思いもしないいろいろなことが分析・発見できるのです。これは強大だと思いました。残念ながら、日本企業がこの牙城を短期間で覆すことは難しいと感じました。

さらにデータが「石油」になるなら、それを保管するクラウドが伸びていくことはすぐに予想できました。データからの分析を効率的、効果的にすることができるAIも盛り上がると思いました。データ処理、統計学もその重要性を増していくことがすぐにわかりました。

もうひとつ、バンテージポイントたるグーグルで見えたのは、世界最高峰ともいえる経営のスピードでした。国際機関や政府機関で何度も折衝を重ね、1年、2年がかりでようやく稟議を通すようなことを、その機動力の速さからグーグルは1カ月ででもやってしまう。パーンと一気に決めてしまうのです。もちろん、問題がないわけではないですが、致命的でなさそうならばやってみる、という姿勢です。

また、当時のCEOのラリー・ペイジは、毎週世界をつないでリアルタイムで同時配信の集会を開いていました。創業者の信念が語られ、それがプロダクトになって実行されていくダイナミックさが目の前で見られる。ビール片手に社員がそれを聞ける。

グーグルでは社内で会いたい人がいれば、向こうがOKさえ出せば誰にでも会えました。会ったことがない人も、メールやチャットひとつでだいたいOKなのです。職位を超えたコミュニケーション。混乱は起こりますが、重大な問題になることはあまりありません。そして考えられないような仕事のスピード感、柔軟性、枠を超えた連携。ここでもまた大いに感銘を受けました。

しかし一方で、この学びは、他の組織を知っていたから、ともいえます。業界を超え、多彩な経験をしないと見えてこないことがある、ということです。ずっと同じ場所にいると、業界特有の習慣に気づけなかったり、思考停止になったりする危険が常に潜んでいるのです。

その意味で、ビジネスパーソンのキャリアとして1社しか経験せず、一生同じ会社で働いて当たり前という環境の機会損失は大きいでしょう。それが仇になっているケースは、実は想像以上にたくさんある。他社を経験した転職者の大きな価値を見誤ってはいけないのです。

ベンチャー投資家の醍醐味

グーグルで仕事をしているとき、日本企業について感じたことがありました。それは、残念ながら役員クラスの優秀な方でも忙しさと進歩の速さから新しいテクノロジーになかなかついていけていないのではないか、ということでした。

さらに部下の人たちも、目上の方に「最新のテクノロジーはこうなっています」とはっきり言えない。しかも、業界外の世界との交流もあまりない。これは危ういと思いました。このままでは意思決定を誤ってしまいかねない、と感じました。

一方で日本の書店に行っても、テクノロジーに関しては、表層的な本か、理念や哲学、細かい技術だけにこだわった難しい専門書しかありません。テクノロジー分野で難しいことをわかりやすく、かつビジネスにどうつなげることができるかを説明する人が必要になるのではないか、と強く感じるようになっていきました。これが、今の私の日本へ伝えたいことにもつながっています。

私の実家の家業は祖父が創業した化学会社でした。大阪大学で化学の博士号を取り、世界で初めて油性の黒のマジックインキ色素を開発したのが、祖父でした。その事業を大きくしたのが父で、上場もしました。

戦後復興の時代、日本発の技術で外貨を稼ぐために、祖父は大変な苦労を乗り越えていました。金融知識を持った後に実家のバランスシート（B／S）を見ると、その様子がわかりました。あと半年で会社がつぶれるのではないか、という時期もありました。

そんな起業家の家庭出身でしたから、起業家の支援がしたいと思うようになったのは、自然なことだったのだと思います。グーグル時代から、起業支援のためのさまざまなボランティア活動もしていました。

それがたくさんの人の目に留まり、ニューヨークの起業家支援財団が東京支部を作ることになり、その財団の日本代表をやってほしいという話になりました。グーグルを離れてこれを引き受け、人を集め、活動をスタートさせ、事務局の体制ができて一段落したところで、私は組織を離れました。そして、ベンチャー投資家として仕事を本格化させていくという選択をしました。

シリコンバレーを拠点にしていますが、今は立場が多くあります。2010年にシリコンバレーのベンチャーキャピタルでインターンをしていた際の先輩たちが創業したベンチャーキャピタル、DNXベンチャーズで特定の領域をカバーするインダストリーパートナーがひとつ。その一方で、企業の顧問を務めたり、年に数回、母校の京都大学で特任准教授として教鞭を執ったりしています。

自分のこれまでの歩みについて改めて振り返ってみると、キャリアを深く考えてこうなったというより、バンテージポイントを経て、自然にこういう流れになっていった気がします。

もともと起業家支援は、学生の頃から自然にやっていました。アルバイト仲間が起業するというので話を聞いてみると、これは面白いと思いました。そんなふうに創業支援で資金を提供した会社が、後に楽天に買収されたりしました。

何かを信じて応援する。自分が応援することによって成功確率が高まる。投資の面白さは、当時から認識していました。グーグル時代からいろいろな相談を受けたり、AIのプロジェクトでベンダーを紹介したり、企業と大学を結びつけたり、といった活動をしていました。

ベンチャー投資には、先述したいくつかのステージがあります。私が手がけるのは基本的にアーリーステージ。主に、会社ができる前、できたばかりのタイミングで投資をします。

1口1000万円から1000万円ほどになりますが、IPOなりのエグジットになったときには、1000倍から10000倍になる可能性がある、というのが初期のステージの醍醐味です。例えば、1000万円の投資であれば、1000倍になれば10億円になる可能性もあるわけです。

どうしてこんなことになるのかというと、リスクが大きいからです。ある程度、先が見通せるようになれば、時価総額はすでに上がっています。それなりの金額を出さなければ、同じ価値を手にできない。大きなリターンは期待できないということです。

だから、ベンチャーキャピタルはできるだけ初期に投資したいのです。しかし、初期だからこそ、そう簡単には投資はできません。その会社や事業の可能性を見抜かなければいけない。投資する側に大きなリスクが潜んでいます。

同時に投資を受け入れる側も、慎重になります。おかしな人に投資をされ、株主になられたりすると、株主から外れてもらうのは容易ではなく、深刻なトラブルになりかねない。したがってベンチャーキャピタリストは、「この人に投資をしてもらっても大丈夫だ」という信用をもらわないといけません。

そして何より、新しい会社、有望な会社が生まれる、という投資情報が入ってくるような環境、あるいはそうした情報を持っている人たちから相談されるような環境を作っておかなければなりません。

アーリーステージ投資は、とても難しいのです。しかし、だからこその醍醐味があります。私は10社以上に投資をさせてもらっています。起業家の苦労の結晶でもあり、先にも書きましたが、すでに時価総額1000億円以上のユニコーン企業も出てきています。

さて、私が何者かということを序章でお話ししたところで、私がシリコンバレーで見聞きし、感じてきたことを次章からお伝えしていきたいと思います。

Perspective of venture capitalist in Silicon Valley

第1章

これまでの「ビジネスモデル」は通用しなくなる

先端のAIを日本はなぜすぐ評価できなかったのか

テクノロジーについての認識が、極めて危うい。日本についてそんな強い危機感を抱くことになった出来事がありました。

まだグーグル在職中だった際、食品メーカーのキユーピーに勤務している方から突然連絡がありました。その2年前はまだ別の大手電機メーカーにお勤めされており、日米関係の会合でお会いしていたというご縁でした。転職して、まだ間もないとのこと。聞けば、ＡＩ（人工知能）を使って何かやってみたい、とのことでした。

打ち合わせに来ていただいて、いろいろディスカッションをして、エネルギーコストの削減や、設備の故障予兆診断など5つほどのテーマが出てきました。その中から、これがいいのではないか、とまずスタートしたのが、ベビーフードに使うダイスポテトの選別をＡＩにやってもらおうというプロジェクトでした。

ダイスポテトとは、じゃがいもの皮をむいて1センチ角の大きさに切ったものです。この中に、ミリ単位で黒い斑点が入ることがあるとのこと。それまでは熟練の作業員が目を皿のようにして不良品を省いていました。この作業をＡＩで代替できないか、というもの。ＡＩ

が得意とする画像認識の技術を使うことを考えたのです。

ここで最大のポイントになったのは、実はベンダーをどこにするか、ということでした。こういうとき、特に日本の大手企業は、「ＡＩにも詳しいだろう」とＩＴコンサルティングなどを行っている大手企業に相談されるケースが少なくないのですが、それは正しいことではありません。

基本的にＡＩはＩＴコンサルティングの延長上にはないからです。ＩＴはあくまでプログラムであり、ＡＩはデータサイエンスを追加したものなのです。まったく毛色が違うのです。それを勘違いし、多くの企業がＡＩ案件をＩＴベンダーに持っていってしまったりしています。

しかし、多くのＩＴベンダーはＡＩ案件がわかるとは限りません。結果的に、あまり質のよくないベンダーに投げられてしまい、できないからと二次請け、三次請け、となって、結局、プロジェクトが潰れてしまう、というケースをたくさん耳にしていました。

もちろんグーグルはベンダーではありませんが、優れたＡＩベンダーを幸運なことに人づてで知っていました。有望な候補が2社あることがわかりました。当時はまだ無名の会社でした。

候補の1社にお願いしてみると、実際にプロジェクトはとてもうまくいき、あれよあれよという間に成果が出ました。ＡＩを使うことで、人が選別を行うよりも70％も精度が高まったのです。

このキユーピーのプロジェクトは、日本はもちろんアメリカでも大きな評判になりました。これこそＡＩを使ったベストプラクティスのひとつだ、とアメリカで表彰されることになりました。キユーピーの担当者の方にも来ていただいて登壇してもらいました。

ところが、このプロジェクト事例は、日本ではほとんど気づかれませんでした。報道もほとんど行われなかったのです。

そして2年が経とうかという2019年の秋になって、ニュースが飛び込んできました。このプロジェクトが、日本の大手経済新聞のディープラーニング大賞というものを受賞したというのです。

私はびっくりせざるを得ませんでした。ＡＩ導入は、2年も前の話なのです。審査員は、それまでいったい何を見ていたのか。こんなにわかりやすくて明快な事例、ベストプラクティスだと世界に発信された事例がなぜこれまで評価されなかったのか。

メディアは何をしていたのか。なぜ話題にしなかったのか。発信に気づかなかったのか。たくさんの記者を抱えているメディアのアンテナに、なぜ引っかからなかったのか。本当にアンテナは張れていたのか……。

ＡＩでこんなことができる、業種に関係なく驚くべきことができる。もしかして、評価すべきポイントに、気づけていなかったのではないか、と私は感じました。他のディープラーニング（深層学習）と何が違うのか、理解されていなかったのではないか。私は強い危機感を持ちました。

テクノロジーは急激に進化していきます。そしてその本質を捉えなければ、企業は大きな過ちを犯してしまいかねないのです。

iPhoneの本質を完全にはき違えていた日本

日本はテクノロジーの本質を完全に見誤った経験を持っています。その結果として当時、世界で最も進んでいた技術が駆逐されてしまいました。iPhoneの登場とガラケーの衰退です。

iPhoneの３Ｇが日本に登場したのは、２００８年でした。これは、アメリカより１年遅れでした。初代iPhoneは２００７年に出ましたが、３Ｇが出てきた２００８年になって、iPhoneは日本に上陸したのです。

このとき、日本のメーカーがどうiPhoneを考えていたか。iPhone上陸を伝える当時のＮ

ＨＫニュースの映像がとても印象的でした。

当時、ボーダフォン日本法人を買収した直後のソフトバンクだけがiPhoneを販売する権利を勝ち取りましたが、店の前にできた長い行列を前に、孫正義社長はこう語っていました。とうとうパソコンが、手のひらに入るようになった、と。

実は、これはiPhoneを表現するのに最も的を射た言葉でした。孫社長は、iPhoneの本質をよくわかっていました。しかし、それ以外の日本人の多数の意見はそうではありませんでした。

アナウンサーが強調していたのは、タッチパネルであり、インターネットに接続できることであり、音楽が聴けること。ＮＨＫのホームページをiPhoneで開いて見せたりしていました。

そして、最もピント外れの対応をしていたのは、iPhoneを迎え撃つかたちになった日本のメーカーでした。当時、ガラケーを作っていた日本の電機メーカーは、こうアピールしていたのです。ワンセグ機能と画質の高さで勝負したい、と。

ある大手メーカーは、デザイン家具で若者に人気の会社とコラボレーションをして、目新しい商品づくりをする、と報じられていました。

これがいかに的外れだったかは、今となってはもうおわかりだと思います。iPhoneの価値の根源は、インターネットにつながってホームページが見られることでも、音楽が聴けることでも、お洒落なデザインにあるのでもなかった。アプリにこそ、あったのです。

オープンな環境を作り、いろいろな開発者がライセンスを取ればアプリを出せるようにする。そうすることで、iPhoneを使って、いろいろなことができるようになる。アップルは何もしなくても、アプリを作る人たちが勝手にiPhoneが便利になるツールを作ってくれるのです。ここに価値があったからこそ、ユーザーはみんなiPhoneに移行した。スマートフォンに移行したのです。

iPhoneが世に出てから、日本に来るまで1年も猶予期間がありました。その間、iPhoneは世界で600万台も売れていました。なのに、この間、日本企業は何が「オセロの角」なのかを見誤ってしまった。ユーザーはいったいどこで感動していたのか。なぜiPhoneを選んでいたのか。本質をまったくつかめていなかったのです。

有名な話ですが、マイクロソフト創業者のビル・ゲイツ氏が、自分のキャリア上、最大の後悔はスマートフォンの席巻を見誤ったことだと話しています。あれだけ先端テクノロジーに詳しいゲイツ氏であっても、パソコンから主な利益を得ているという環境もあってか、正しく予見はできませんでした。

また、車や半導体業界を分析した『イノベーションのジレンマ』で有名な、最近亡くなられてしまった、クレイトン・クリステンセン教授もiPhoneは「成功しないだろう」というコメントを残しています。

それほどに未来を見通すことは難しく、十中十を当てるということは不可能に近いでしょう。しかし、多様な意見を偏見を取り除きながら取り入れることによって、確率を上げることはできます。

ものづくりという点では、ガラケーは世界に冠たるものだったと思います。とても優れていた。しかし、世界では売れませんでした。理由はとてもシンプルだと私は思っています。実はユーザーが求めているものが見えていなかった、ということです。

メーカーが出せるものと、ユーザーが求めるものに乖離が生まれてしまったのです。画素数やワンセグ機能、バッテリーの持ちや防水機能について、ユーザーはどこまで求めていたのか。

そんなことよりも、より使いやすく、もっと便利に新しいサービスが使えるものを求めていたのです。その結果として、ガラケーは敗北し、駆逐されてしまった。スマートフォンが、世界を席巻することになったのです。

これは通信の世界だけの話ではありません。すべての企業で起こり得る話だと思います。究極的には、すべての企業がサービスカンパニーになっていくと私は考えています。言い換えれば、製造業であってもサービスを届けることまで考えるということです。

勘違いしてはいけないのは、選ぶのはあくまでユーザーだということです。ダーウィンの進化論ではないですが、いくら企業が素晴らしいテクノロジーを、プロダクトを誇ったとしても、選ぶのはユーザーです。技術的に優れたガラケーよりも、スマートフォンが選ばれたように。

そして目の前で、日本を代表する巨大な産業に危機が迫っていると私は強い危機感を持っています。自動車産業です。

シリコンバレーで人気ナンバーワンの車はテスラ

私はシリコンバレーに住んでいますが、今この地で最も人気のある自動車は何か。残念ながら、日本の自動車メーカーの車ではありません。アメリカのGM（ゼネラル・モーターズ）、フォードといった大手自動車メーカーの車でもありません。

シリコンバレーで最も人気の車は、テスラです。２００３年に創業され、イーロン・マスクが社長を務める、電気自動車の枠を超えエネルギーも含めたテクノロジー会社です。最近では日本でも走り始めていますから、ご存じの方も少なくないと思います。

しかし、アメリカでは「走り始めている」などというレベルではありません。まわりを見渡してもテスラだらけ。日本では代表的な車、プリウスが日本で普及した様子に迫る勢いです。最も人気が高く、最もほしいと考える人が多い車が、今やテスラなのです。そして、予約が殺到し、なかなか手に入らない車でもあります。

実際、私はシリコンバレーに来たとき、テスラの車に乗ろうとしましたが、予約が一杯で手に入れることができませんでした。そこから5カ月ほど、納車を待たなければなりませんでした。

仕方がないので、ドイツの高級車であるメルセデス・ベンツを買いました。おかげで、テスラとメルセデス・ベンツとの違いを、改めて認識することになりました。

新興メーカーの車なんて安心できるのか。電気自動車なんて大丈夫なのか。そんなふうに思われる方も日本では少なくないかもしれませんが、もはやシリコンバレーではそんなふうに考える人は誰もいません。

後にも詳しく書きますが、テスラはいわゆるガソリン車とはまったく違います。例えば運転台は、極めてシンプルです。計器もありません。無駄なものは一切、削ぎ落とされています。中央に大きなタブレットコンピュータがどんと置いてあるとイメージしてみてください。

テスラの運転台

そこですべてがコントロールされるのですが、ポイントは新しい機能がどんどんアップデートされていくことです。2カ月おきくらいに新しい機能が加わります。ソフトウェアのアップデートによって準自動運転機能やバッテリーの持続時間、ブレーキの性能が向上するのもありがたいことなのですが、想像以上の機能が追加されることがあります。

一つはスマートサモンという、車をリモコンのように遠隔操作できる機能でしょう。駐車場など、公道でないところに限定はされていますが、雨の日や重いものを持っているときなど、近くであれば車が自分の立ち位置にGPSやセンサーを頼りに自動的に寄ってきてくれます。2020年にはその逆で、お店の入り口で車を降りれば後は勝手に近くの駐車場の空きスポットを見つけて駐車をしてくれる機能を搭載する予定です。

また、外からシートヒーターのスイッチを入れられるようになったり、停車中にはユーチューブやネットフリックスが見られ、ゲームに至っては本当の車のハンドルを使ってレーシングゲームができるようになったり、カラオケができるようになったり。クリスマスのシーズンにはサンタモードという、車内の音がクリスマス仕様に変わったり、焚き火の映像をタブレットに映してロマンティックな雰囲気を出すという「ロマンスモード」が追加されたりしています。

そのために、インターネット接続が標準になっています。一定期間は接続費用はかかりません。それも料金に組み込まれている。そして、車に携帯電話のチップが埋め込まれています。常時、車がインターネットに接続されているのです。

言ってみれば、テスラは車輪がついたコンピュータなのです。車にコンピュータをつける、という発想ではなく、コンピュータに車輪がついているのです。

だから、例えば自動運転の制御もスムーズです。メルセデス・ベンツにもレーンキーピングの機能がついていますが、レーンからいかに外れないか、が目的なので、ゴツゴツしながら動くことになります。とても安心できたものではありません。

テスラは違う。車に張り巡らされたセンサーの制御で道路の中心をきちんと走ります。とてもスムーズなのです。そしてGPSを利用して自動的に適切な車線変更もしてくれるし、高速の出口からも出てくれます。シリコンバレーでは高速道路（アメリカでは無料のところが多いです）で通勤をするので、特にその便利さを感じます。だから、みんな自動運転モードをオンにして、微妙なコントロールは車に任せるようになっています。快適さがまったく変わるからです。ラクチンなのです。

もちろん、普段の駐車や縦列駐車なども車が自動でやってくれます。「お願い」してしまうと、もう自分ではやりたくなくなります。

そしてなんといっても燃費がいい。ハイブリッドカーの比ではありません。給油の価格が10分の1になるくらいの感覚です。しかも、これも後に書きますが、急速充電できるステーションがあちこちにあります。

もちろん乗り心地が大手メーカーの車と比べてどうか、と問われたら、サスペンションなどに多少の課題はあるかもしれません。しかし、そんなことはまったく気にならなくなりました。実際、まわりのみんなもそうなのです。そんなこと以上に、機能の自動アップデートが楽しいし待ち遠しいし、車庫入れが便利なのです。

価格も決して安くないのが事実です。最も安いモデルが５００万円。しかし、これが爆発的に売れているのです。すでにワゴン車のようなファミリータイプも販売されており、２０２１年には奇抜なデザインのピックアップトラックも出てきます。きっとこれも爆発的

テスラの電動ピックアップトラック「サイバートラック」(テスラ ウェブサイト)

に売れるでしょう。

実際、ピックアップトラックの発売自体は、2年後にもかかわらず、数日で20万台の予約を集めました。人口比はありますが、日本で年間売上が最高の車種であっても約10万台ということから、その期待の高さが窺えます。

燃費も魅力ですが、やはり最大の魅力は自動運転の補助であり、機能のバージョンアップだと思います。運転がとにかくラクになる。便利になる。びっくりするほどに、です。

しかも、あらかじめ定められた機能の車を買うのではないのです。機能、もっといえばサービスが、どんどんバージョンアップされていく。できることがどんどん増えていくのです。

これが、シリコンバレーの人々にとっての求める車の概念を変えてしまった。もう自動運転ではない車には乗りたくないと私も思っています。機能が追加されない車は魅力的に感じないと思います。

この方向性が変わることはおそらくないでしょう。「ユーザーが何を選ぶか」が変わり始めているということです。

テクノロジーは消費者、ユーザーを強くする

私がテクノロジーの変化を示すにあたって、伝わりやすいだろうと思っている衝撃的な2枚の写真があります。1900年のニューヨークの街と、1913年のニューヨークの街。これがまったく光景が変わってしまっているのです。

何が違うのかというと、1900年の写真では、人々はみな馬車に乗っていたのです。街を馬車が走るのは当たり前だった。そういう時代ですから、当たり前の写真です。ところがわずか13年後、馬車はほとんど走っていないのです。どうなったのかというと、人々はみな車に乗っていたのです。

おそらく馬車を作っていた人たちは、この急激な変化をまったく予測できなかったはずです。そしてもちろん、馬車に乗っていた人々も予測していなかった。

しかし、人々は馬車ではなく、車を選択するようになりました。当然だと思います。人々にとって、目的は馬車に乗ることではなく、快適に移動できることだったからです。この変化は、人々が快適に移動できるほうを選んだ、というだけに過ぎません。

そして車が登場したとき、きっと馬車を作る人たちは、こう言っていたはずです。やっぱり馬が引っ張る乗り物こそが素晴らしい。もっと速く走れる馬を用意すればいいだけのことだ。歴史を経て、馬車はいい車輪を次々に開発してきた。もっといい車輪を作ればいいのだ。馬車の躍動感こそがたまらない。車なんて、ありえない……。

なぜか。馬車の時代の人々に「どんな移動手段がほしいか」と尋ねたら、人々は口々にこう言ったからです。「もっと速く走る馬車がほしい」「もっと心地よい車輪がほしい」「もっと躍動感のある馬車がいい」……。

車という乗り物がほしい、とは誰も言わなかった。車というものがまだ世の中になかったからです。しかし、人々が想像もしていなかった車という乗り物がポンと出てきたとき、「あっ、こっちのほうが便利だ」と、人々はあっという間に車に移ってしまったのです。これこそが、わずか10年足らずで街の光景が一変してしまった理由です。

iPhoneも同じです。電話機としての機能をどんどん追求しようとしていた日本のメーカーは、ユーザーがきっとこれを求めているに違いない、というものを考えた。ワンセグであり、バッテリーであり、防水であり。

　しかし、スマートフォンという、思ってもみなかったものが出てきて、「あっ、こっちのほうが面白い」と思ったら、ユーザーはみんな移ってしまったのです。


　ここで覚えておきたい事実は、メディアやインターネットでの論調は「iPhone は売れないだろう」と酷評される意見が大半だったということです。メディアや、インターネットに出てくる専門家や、ユーザーの意見というのは既存の製品への強い愛着がある方の意見であって、ユーザー全体を表していることは少ないです（ほとんどの人がわざわざ手間をかけて情報発信はしません。サイレントマジョリティとも言います）。

　情報というものは、このバイアス（偏見）を考慮した上で取り込まなければなりません。同業者や、熟練のコンサルタント、専門家の意見も「こうに違いない」と思うことが意外と多いのです。

　その意味で、アップルが iPhone を生み出せたのは、業界の部外者だったからかもしれません。電話機のメーカーであればあるほど「電話機とはこういうもの」という固定概念に強く縛られるからです。

　しかし、コンピュータの会社が電話機を作った。バッテリーは保たない。（発売当時は）防水機能もない。それでも、爆発的にヒットしたのです。

今、これと同じことが自動車で起きている、ということです。電気自動車の登場に、「自動車は運転こそが醍醐味だ」「乗り心地のよさがあってこそ」「美しいデザインこそが求められている」といった声が、車好きの人たちから上がってきています。どこかで聞いたことがあるような話ではありませんか。

そして自動車業界とは、まったくの部外者で、決済サービスの起業家だったイーロン・マスクが、コンピュータから車を作っているのです。電話機の時代のiPhoneが、馬車の時代の車が、再び現れようとしているということです。

テクノロジーは企業が製品を生み出すための単なるツールだと考えている人が、日本では少なくありません。しかし、そうではありません。テクノロジーが製品を作るのです。

そしてテクノロジーは消費者を強くします。消費者がテクノロジーを選ぶ。注意をしなければいけないのは、企業側には選択肢はない、ということです。消費者が変わってしまったら、それを追いかけるしかない。消費財メーカーで世界トップ企業のP&G（プロクター・アンド・ギャンブル）のアラン・ラフリーが掲げた有名なスローガンに「消費者がボスである」という言葉があります。

消費者の選択しうるものはテクノロジーという制約を受けているので、言うなれば「消費者が好むテクノロジーがボスである」（好みそうという、意見ではなく、実際に行動が伴うことが大事です）ともいえるでしょう。これは法人でも同じことがいえます。

だから、企業側はテクノロジーを追いかけなければいけないのです。ツールにしている場合ではないのです。

テクノロジーの恐ろしさを知っている企業は、技術担当役員であるCTOやCIOを重要視し、経営判断の中心に据えます。ところが、日本では、この機能が弱すぎるのではないでしょうか。実際、技術担当役員には、テクノロジーとビジネスの最新の知識（過去の専門知識ではなく）についていってはおらず、プロダクトをいかに安く、安定的に供給するか、自社の研究開発部門を守るか、というところにしか関心がなかったりします。

最新のテクノロジーをこそ考え、テクノロジーをこそ自分の本業に入れなければいけないのに、です。その考える量も、これだけ技術革新が速くなってくると、10年前には最新だと言われていた知識がほとんど役に立たないことも起こります。

このままでは日本の自動車メーカーは下請けの車体メーカーになる

「このままでは日本の自動車メーカーは、下請けの車体メーカーになる」

衝撃的な言葉ですが、リチウムイオン電池で2019年にノーベル化学賞を受賞した吉野彰氏の言葉です。

馬車を作っていた人たちに特定のバイアスがかかっていたように、携帯電話を作っていた人たちに特定のバイアスがかかっていたように、自動車を作っている人たちにも特定のバイアスがかかっています。そして消費者も、そのバイアスを持っている。しかし、本当のことに気づき始めたとき、消費者は雪崩を打ってバイアスから解き放たれていきます。

例えば、自動運転なんてとんでもない。人が運転するから安全なのだ、という考え方があります。そこで、私はこの話をよくしています。

アルファ碁をご存じでしょうか。グーグルのディープラーニングによって開発されたコンピュータ囲碁プログラムです。プロの囲碁の棋士のデータを学習させたアルファ碁は、2016年に世界トップ棋士と対局をして、4勝1敗で勝ちました。

その後、アルファ碁ゼロが開発されました。これはプロの棋士の手を教え込むのではなく、囲碁のルールを覚えさせたものでした。そして、コンピュータ同士で数千億以上もの、ありとあらゆる手をランダムで打たせ、ほぼあらゆるパターンを網羅。統計的にこれ以上ないというところまで、囲碁を自己学習させたのでした。

そして新しいアルファ碁ゼロと、プロ棋士に勝ったアルファ碁の対決結果は、5勝0敗。プロの棋士に勝ったアルファ碁でも、まったく歯が立たなかったのです。アルファ碁ゼロは、プロ棋士でも思いつかないような、より多くの手をわかっていたからです。人間にはできず、しかし、コンピュータにはできた。

これと同じことを自動運転で考えてみてください。ドライバーのすべての行動データをディープラーニングによって教えこませたとしたら、どうなるか。あらゆる物理シミュレーション、事故シミュレーションをする。

そうすれば、囲碁でプロ棋士がまったく歯が立たなかったように、人間が運転するよりもはるかに注意力を持ち、安全に走れる自動運転機能が作れるかもしれないのです。何しろ、数多くのセンサーによって、人間の視覚だけでない、あらゆるデータをインプットできるのですから。

そうなったら、どうなるか。将来は、人間が運転しているタクシーには、誰も乗りたがらないかもしれません。「人間が運転しているなんて、危ないじゃないか」「安全が気になるから、人間の運転するものには乗らない」と、自動運転ではないタクシーには、怖くて乗れなくなる時代が来るかもしれないのです。人間のドライバーに頼らない自動運転タクシーならば、感染症のリスクも低減できます。

そしてここでひとつ、大事なポイントがあります。それは、人々が求める性能や安全を担保しているのは、精微なセンサーを積んだコンピュータである、ということです。車体ではないのです。もっと言ってしまえば、ソフトウェアであり、ＯＳです。

テスラの車で人々が何より喜んでいるのは、アプリがどんどんアップデートされ、自動運転機能を含めたサービスが進化していくことです。これこそがテスラの価値なのです。もちろんデザインも大事ですが、車体というハードウェアが先に来るわけではない。

これは、iPhone のみならず、どこかで目にした光景ではないでしょうか。そうです。パソコンです。パソコンの世界で大きな利益を手にしたのは誰か。一方で、買い叩かれたのは誰か。前者はソフトウェアの会社、ＯＳの会社であり、後者がハードウェアの会社だったのではないでしょうか。

ハードウェアの会社はグローバル競争にさらされ、新興勢力にどんどん追い詰められていきました。日本のパソコンメーカーは儲からなくなってしまいました。中国製も韓国製も、横並びになってしまった。

このままいくと、自動車もそうなりかねない、ということです。自動運転はいろいろな会社が開発していますが、おそらく世界で3、4社に絞られるでしょう。このOSが、ハードウェアを選ぶ時代になるということです。

もっと厳しい言い方をすれば、自動車メーカーは下請けで車体を作る時代が来る。日本の自動車メーカーは、OSの会社の下で単なる車体メーカーになっていく可能性があるということです。中国のメーカー、台湾のメーカー、韓国のメーカー、アメリカやヨーロッパのメーカーと横並びで。

オセロで勝つには、四隅を押さえなければなりません。この四隅こそ、まさにソフトウェアになろうとしているのです。スマートフォンやパソコンがそうだったように、自動車もそうなっていく可能性が高いのです。

確かにサスペンションも大事。乗り心地も大事だし、高級感も大事。しかし、それらはオセロの四隅ではもはやありません。これを間違えると、四隅をすべて取られてゲームでは圧倒的に不利な状況に立たされます。

車が好きだから、とか、運転こそ醍醐味、とか、エンジンの心地よさ、電気自動車なんて、などと言っている場合ではないのです。これは、馬車の時代に車を、ガラケーの時代にiPhoneをバカにしていたのと同じことです。既存の技術を守るためのバイアスこそ、最も危ないものです。

ユーザーは、本当は何を求めているのか。自動車メーカーは未来のために何をしなければいけないか。早く気づかないといけないのです。

テレビ局はネットに取って代わられる前に先手を打たなければならない

テクノロジーによって、想像もつかなかったようなドラスティックな変化に見舞われる危険があるのは、自動車業界だけではありません。

例えば、テレビ局はこの先、地上波だけではかなり厳しい状況に追い込まれると思います。背景のひとつは、映像メディアの視聴形態の変化です。アメリカのテレビは、もはやリアルタイムで見る必要性がなくなっています。

インターネットを使って、好きな時間にいくらでも好きなものを見られるのに、なぜ電波で決まった時間に送られてくるものを見なければいけないのか。すでに一部のオンデマンドでの取り組みは出てきていますが、地上波テレビだけでの発想は、もう完全に時代遅れです。アメリカでは、すでにその印象が当たり前になっています。

映像を見るデバイスも、スマートフォンやタブレットに移行しています。テレビは、インターネット映像を見るモニターになっているという家庭も少なくありません。テレビではなく、単なる映像モニターです。

日本は違う、という声もありますが、若い人たちはどうか。スマホネイティブな若者たちは、当たり前のようにスマホでいろいろな情報や映像を見ています。20代、30代も「ゴールデンタイム」に家にいる人たちがどのくらいいるのでしょうか。彼らが10年後、20年後にどんなライフスタイルを送っているでしょうか。今は可処分所得が高くなかったり、人口が50代以上に比べて少なかったりという広告的な価値が低い面もあって、対策が相対的に少ないと思います。

電波法の意味が昔のファクシミリのように変わりつつあります。インターネットテレビもあるし、ユーチューブもあるし、インスタグラム、TikTokもある。映像をテレビだけで見る必要はないのです。

実際、もう大きな変化は始まっています。テレビ放送局各社の決算を見れば、すでに利益の多くが不動産からあがっていることがわかります。

そして、変化の背景は他にもあります。データというキーワードです。アメリカではネットフリックスが大成功しています。月々1500円ほどで自分にぴったり合った番組をレコメンドしてもらって見られる。これが大きな人気を博しているのです。

もともとケーブルテレビ文化があり、有料で動画を見ることが当たり前になっていたこともありますが、これだけネットフリックスが支持されているのには、理由があります。データの活用によって、徹底したターゲティングが行われていることです。

さまざまな情報、もちろん過去に何が配信されたのかという情報もベースにして、素晴らしいレコメンドが出てくる。面白い掘り出し物が次々に上がってくる。これが本当に見事なのです。

その心地よさは経験してみないと正直、わかりません。「うわぁ、こう来たか」「どうしてこれがわかったのか」と感じている人は少なくない。だから、見るつもりもないのに、いつもネットフリックスに接続してしまう、という人もいます。アメリカでは、テレビをつけたら、トップ画面がネットフリックスになっているという人も多い。

こうなれば、もう戻れなくなります。見たい番組が必ずしも流れているわけではないことが苦痛になってくるわけです。

私がよく言うのは、おもてなしのレベルの高さが違うのです。私のことをよくわかっているから、「これ好きでしょ」「あれも好きでしょ」と言える。わかってくれるとうれしい。それを知っている人におもてなしをされると、もう他には行く気が失せるのです。トンチンカンなレコメンドが来るようなサービスをされたりすると、がっかりするわけです。

ネットフリックスがここまでできるのは、徹底的にデータを押さえるからです。個人のプロフィール情報に加え、何を見ているか、だけでなく、番組のどこで見るのをやめたか、といったところからもＡＩが好みを分析したりする。いずれは、すべてのコンテンツでストーリーや結末を変えるなど、一人ひとりにカスタマイズされるようになるかもしれません。

これほどまでに重要なデータですが、日本ではどうしているでしょうか。最近は手法も更新をしましたが、これまでサンプル３０００ほどしか見てこなかったのではないでしょうか。もっと正確なデータをなぜ取ろうとしないのか。不思議でなりません。取ろうと思えば、いくらでも方法はあるのだと思いますが、非常にもったいないことです。

日本テレビは人工知能で映画番組の視聴率の予測を始め、誤差は１％未満になるなど新しい取り組みはありますが、これだけ大きな産業なのに、統計学の教育を日本がいかに軽視していたか。その大きな証左のひとつであり、大きな機会損失だと思います。

そしてアメリカでネットフリックスが人気となっているもうひとつの理由は、番組のクオリティが高いからです。ドラマ映像のエミー賞も受賞していますし、映画のアカデミー賞にもノミネートされている。そのくらいレベルの高いクリエイターが、次々にネットフリックスに入ってきているのです。

なぜか。よいものが作れるからです。その一つの理由としてテレビと違うのはスポンサーを気にする必要がないことです。スポンサーが気に入るようなものを意識しなくていい。思い切ったもの、制作者が本当に心からよいと思えるものが作れるのです。

全世界で視聴者候補として1億人以上います。制作予算も大きい。そして、高い報酬も得られる。年収が数千万円、1億円以上で迎えられる人もいます。優秀で腕に自信がある制作者なら、移籍する可能性は高いでしょう。この先、日本でも同じことが起きると思います。

そうすると、優れた番組の作り手が一気に流出することになります。売れている人から出ていくでしょう。彼らは、よい番組を作り、届けたいのです。活躍の場があるところへ移るのは、当然だと思います。逆に、従来のテレビ局からは優れた作り手がどんどん抜けていく可能性があります。

そしてデータの取り方が変わり、クオリティが変われば、ユーザーは雪崩のように変わっていくと思います。アメリカでそうだったように。

「こんまり」の米国での成功をなぜ予見できたのか

実は日本もデータやクオリティの変化によって恩恵を受ける可能性があります。特に有名な現象としては2019年の近藤麻理恵さんの「片づけ」が世界的にヒットしたことがあります。

著書『人生がときめく片づけの魔法』がミリオンセラーになった近藤麻理恵（こんまり）さんは日本でとても有名ですが、今やアメリカでもとても有名な存在になっています。

アメリカでも著書がミリオンセラーになっただけでなく、ネットフリックスの番組が大ブレイク。片づけるという言葉が、「konmari」（こんまる）という動詞としても流通し、「Did you konmari?」なんて会話が普通に使われるようになりました。

アメリカにも片づけのコンサルタントはたくさんいますが、そんな中で日本からやってきた若い女性が驚くほどアメリカで支持され、人気になったことは、日本では意外なこととして受け止められたようです。しかし、私は意外とは思いませんでした。

うまくいくかもしれないと思った理由には、まず本がすでに売れていたことがあります。海外で700万部くらい、日本が300万部くらいだったと思います。日本よりも海外でのほうが評価されている印象があり、これはアメリカに出たほうがいいだろうと思いました。その数年前から、アメリカではマインドフルネス、禅など日本の文化が見直されていたこともあります。

アメリカでもモノが溢れている現実があったわけですが、単なる片づけというよりは、もっと日本的なスピリチュアルの領域で支持を受けられるのではないか、と私は思いました。ライフスタイルの体現ということで、かつてのマーサ・スチュアートのようなカタチでブームとなってもおかしくないと考えました。

何より、こんまりさん自身、とてもオリエンタルな雰囲気が漂っている人です。しかも、アメリカ進出の目的は、もっと多くの人に「片づけの魔法」を知ってもらいたい、というピュアなものでした。

名誉やお金、ビジネスのためでなく、気持ちから始まっている。これもまた、日本的なところだと感じました。

ネットフリックスの番組で大ブレイク

すでにアメリカでも本が売れていたのですが、大ブレイクの引き金を引いたのは、ネットフリックスの番組がとてもよくできていたことです。アメリカ人の家庭を訪れ、それぞれの境遇を聞きながら、こんまりさんが片づけを指南していくのですが、単なる片づけの番組ではありませんでした。

登場するアメリカ人は片づけを進めることで、人生そのもの、生き方そのものを自分自身に問う、そして見直す。そんな番組になったのです。

親を亡くした人、子どもが巣立った人、シングルマザーが出てきたりして、人生を振り返り、そのときどきのさまざまな感情に直面し、自分に向き合い、最後は号泣したりする。子どもが巣立ったばかり、親が亡くなったばかりなど多くのライフステージ、人種にスポットライトをあてることによって、視聴者は登場する人に自分を重ね合わせることができるエピソードが見つけやすくなっており、共感して見ることができる作りになっていました。

制作を手がけたディレクターの演出の力、さらには通訳の飯田まりえさんのオリエンタル色の出た見事な通訳もあって、視聴者の圧倒的な共感を呼び、大ヒットするのです。こんまりさんは一躍、全米の時の人になりました。

もちろん、こんまりさんご自身のお力も大きいですが、私が改めて感じたのはネットフリックスという新しいメディアの底力でした。まず、なぜ、ネットフリックスがこんまりさんを選んだか。それはアジア系のライフスタイル領域のコンテンツが足りない、とネットフリックスが判断していたからです。

どうしてネットフリックスがそのことに気が付いていたのかというと、徹底的に視聴者のデータを分析しているからです。視聴者個々人について、どんな番組を好むか。どんなときに見るか。何分で切ってしまったか。どこで早送りし、どこで巻き戻したか、など徹底的に分析しているのが、ネットフリックスなのです。

その上で、この人だったら、こんまりさんの番組を見ておそらく感動する、というターゲティングをする。そして、その人のトップページの一番目立つところに番組の情報を置く。そうすると、多くの視聴者が見るのです（先にも書いたように、ネットフリックスはこのレコメンドのレベルがすさまじく高く、視聴者からの信用度も高いのです）。

しっかりターゲティングされていますから、実際に視聴者は感動する。満足して、SNSに投稿する。このクチコミがバズり、さらに知られて周囲も見始める、という流れです。

ネットフリックスの年間視聴者は1億人です。対してユーチューブは30億人。30倍です。

ユーチューブでバズったものにピコ太郎のPPAP（ペンパイナッポーアッポーペン）がありますが、グーグルの検索トレンドを見ると、こんまりさんは同じくらい出てきます。

視聴者の数が30分の1なのに、これだけの人にバズったのは、確実に刺さる人に刺さったから、に他なりません。今、アメリカではテレビはこうやって見られています。マス対象ではない。もはやリアルタイムという概念も、番組表という概念も存在しません。

個人にとって、最も見たい番組が効率良く自動的に見られるようになっている。それがアメリカの動画です。ここに、こんまりさんのコンテンツは見事にハマったのです。見たい人に見てもらったからこそ、ここまでのブレイクはあったのです。

そして、よく言われる「プラットフォーム戦略で外資に利益をほとんど持っていかれた」というのはスマホアプリやゲームが典型例ですが、次は映像の世界もそうなってしまうかもしれません。

生産者直営でないリアル小売業は少なくなり、〝体験〟をする場所になる

小売業は今、アメリカで大変革期を迎えています。高級百貨店のバーニーズがつぶれ、おもちゃのトイザらスがつぶれ、ショッピングセンターのシアーズもつぶれ、メイシーズも大規模縮小、感染症の影響もありノードストロームも破産を検討との報道がなされています。ニーマン・マーカス、J. C. ペニー、J. クルーは破産法の適用を申請しました。書店のボーダーズ、ディスカウントストアのターゲットもつぶれました。

何が起こっているのかというと、人々は小売業の店に行って、商品を確認して、気に入ったらその場でアマゾンでの価格をチェックしてアマゾンで買ってしまうのです。

小売業は店舗の場所代を負担して、在庫も持って売ろうとしているのに、目の前のお客さんは商品の手触り感だけ確認してネットで買ってしまう。これではたまったものではありません。しかし、これが現実なのです。

実際、小売りの店では、どんどん売れなくなってしまっている。

では、この先、何が起こるのかというと、すでに新しい動きが始まっています。端的にい

えば、店舗のショールーム化です。商品は置くけれど、売るのが主目的ではないのです。そして、置いている商品のメーカーからお金を取る。これが今、注目のビジネスモデルです。

実際にシリコンバレーには、大きなショップができています。「b8ta（ベータ）」という名前のお店です。いろいろなプロダクトが置かれていますが、消費者にそれを売って利益を得るビジネスモデルではありません。消費者がやってきて、そこに陳列された商品にどのくらい関心を示したか、それによってチャージをするのです。

ある商品があり、そこに消費者が立ち止まるとカメラがそれを捉えています。例えば5秒立っていたら5円の課金。手に取ったら10円の課金。そんなふうにチャージをしていく。そして、お金は、商品の作り手、出し手から取る。

商品を出している企業にすれば、消費者に見てもらい、手に取ってもらうチャンスが大きくなります。言ってみれば、マーケティングの一環です。そして消費者は、ものを買うときに実際にリアルに見たい。さらにはトレンドや何が流行っているかを知りたい。

これまで小売業に求められていたものが、このビジネスモデルで実現できます。リアル小売業は今、大転換しようとしているのです。しかしこれは、小売りの未来ではないかと思っています。インターネットの登場によって、リアルに高い場所代を払って、商品を売って中間マージンのみを目的とする、というビジネスは難しくなってきているからです。

消費者から考えると店舗というのはあくまでも、入り口で、従業員から迎え入れられ、製品のコンセプトに合わせた内装の中で、製品を試すという、「体験」をする場所に変化しています。いわば、店舗自体は顧客にブランドメッセージを伝える一つの場所に過ぎないのです。企業からすると店舗の運営コストは広告費の一つなわけです。いろいろな製品が混ざった一般的な小売店では難しいため、直営店が増えている理由でもあります。これは、D2C（Direct to Consumer＝直接消費者に）という形態でアップルが重視している考え方です。

一方で、わざわざ商品をチェックする必要があまりない生活必需品を扱うスーパーでは、おそらくこの先、レジが消えるでしょう。野菜など、生鮮食品でさえもレジなしで処理できるアマゾンゴーがすでにありますが、現状のQRコードだけでなく、顔認証やもっと簡略な方法で本人確認もすべて済んでしまうようになるでしょう。レジに並び、重たい荷物を持って帰ったりすることもなくなる。やがてはお店がなくなり、配送センターだけが残るかもしれません。

究極の便利は、黙っていても必要なものを必要なときに届けてもらえることだからです。ほしいものが、何もしなくても目の前にやってくる。これが消費者の理想ではないでしょうか。

実買データを元に、「そろそろこの人はこの商品を注文しそうだ」と予測したらもう商品を玄関に置いておくのです。使うなら持っていけばいいし、使わないならアマゾンが回収する。そんな世界がもう見えています。

こんな実験もアマゾンで進んでいます。アマゾンと配達先だけの電動ロックを用意しておいて、アマゾンからの品物を持った配達員がピッとロックを外して、家に商品を入れておいてくれる。勝手に冷蔵庫に入れてくれるのです。

プライバシーを気にする人もいますが、便利さのほうが勝るという人もいます。これなら、冷凍ものだってもう店で買う必要はありません。アマゾンが自宅まで、どころか、不在の間に冷蔵庫まで商品を届けてくれるのです。セキュリティはカメラが担保します。配達業者は登録されているので問題はない、という考え方もあるのです。

こういう発想も当たり前なのかもしれません。究極の便利さは、買い物に行く必要すらなくなることだから。どうせ買わなければいけないものは、いちいちそのことを考えること自体が面倒なのです。だったら、自動的に届けてもらったほうがいい。そして、それを実現させようという動きは、もうここまで来ているのです。

そして、ここで生きてくるのが、やはりデータです。よりラクチンに購入ができること、より簡単に決済できること。アメリカでは、それがどんどん進んでいる。センサーが導入され、データ分析が至るところで行われるようになっている。今後は、クレジットカードを出す必要もなくなり、顔認証などより簡便な方法で済むようになるでしょう。

ところが、シリコンバレーなどを視察に来る日本の方々の中には、その流れとは違うところを見ていかれるケースも少なくありません。

「こんな接客では、お客さまに支持されない」

そんな声を聞くことがよくあります。これも接客が重要な事業を営んでいる業界の方だからこそ、そう思われることも多いと思います。しかし、多くの消費者はもうそんなところを気にしていないのではない、ということに気づく必要があります。もちろん、一部のビジネスにおいては接客も大事かもしれません。しかし、大半の消費者が求めているのは、圧倒的な便利さです。それを可能にするデータ分析であり、テクノロジーなのです。

仲介斡旋業はネットのレビューに置き換えられる

日本では、学生の就職先として旅行代理店が人気（学生からの人気というのは、食べたことのない人からのレストランの批評と同じですが）になっているようですが、驚くばかりです。いわゆる仲介斡旋業、中抜き産業は、今どんどんネットに置き換えられています。この動きは加速していくことになるはずだからです。

例えば旅行でも、添乗員がついてくるようなものを別にすれば、わざわざ旅行代理店に出向いて予約をする、という人はほとんどいないのではないでしょうか。時間があれば、自分で旅行先を決めて、いろいろな選択をすることができます。

こういうとき、大手の強みは何だったかといえば、ブランドイメージ、信頼です。大きな会社だから安心、トラブルに巻き込まれる可能性が低そう、心配することなく申込みができる……。

ところが今は、ユーザーのレビューというものがあります。レビューを読めば、信頼ができるかどうかはわかるわけです。どの業者が信頼できるのか、誰が信用できるのか、大手か、そうでないか、などという看板がなくても判断ができるようになっている。むしろ、ユーザーはレビューを信用するようになってきています。

仲介斡旋業の多くは、大手のブランドこそがビジネスの強みになっていました。しかし、窓口にはなるけれど、大手企業が実際にすべてをやってくれるわけではない、というサービスも少なくありませんでした。実際に業務を行うのは、下請けの小さな業者であることがほとんどだったりするわけです。

ただ、小さな業者には信用を証明するものがなかった。そこで、大手に扱ってもらい、大手の信用を借りて、ビジネスをしていた。信用を借りるわけですから、当然、そこにはマージンが発生します。このマージンが、仲介斡旋業の収益になっていた。そして、マージンが大きくなれば、旅行の代金も上がっていかざるを得なかったわけです。

しかし、今では直接、小さな業者をネットで見つけることができます。そうなれば、ユーザーは仲介斡旋業に払っていたマージンを払う必要はありません。しかも、信用を証明するものが登場した。これこそユーザーのレビューです。いい仕事をすれば、確実に評価をしてもらえる。

実際のところ、大手だから信用がある、と思ったものの、とても高い評価はできないような経験をしたという人も少なくないのではないでしょうか。大手が仲介してくれるといっても、中にはおかしな業者がいないわけではなかったのです。

ところが、むしろ仲介が入らなくなったことで、個別に業者を評価できるようになった。仲介業者にお願いするよりも、個別に各業者の評価が見られるほうがありがたい、という方向にシフトしてきています。不動産仲介斡旋業も同じようにネットに移行しつつあります。

一方で、ユーザーに価値を提供できる人たちが、自分の時間を切り売りして提供する、なんてこともできるようになりました。子育ての経験者が、空いた時間を使ってベビーシッターをする、などというのもそのひとつ。個人が自分の得意とすることをユーザーに提供できるようになったのです。

ユーザーと提供者をうまくマッチングすることができれば、これは双方に大きなメリットがあります。

ユーザーと業者とのマッチングはもう誰でもできるようになるのです。もしそれを仲介するビジネスをするなら、相当、付加価値のあることをやらないといけない。レビューの仕組みもそのひとつです。

逆にいえば、ただ大手の看板を掲げて高いマージンを取ってビジネスをしているところは、必要とされなくなっていくでしょう。信用は大手の看板ではなく、実際のレビューを見てユーザーが判断できるからです。

仲介斡旋業はこれまで、中間マージンにビジネスを依存しすぎていたかもしれません。インターネットの時代になって、それが明らかになってきた。仲介がなくなることで、ユーザーにとってのコスト負担は一気に小さくなったからです。

これからは、個人や小さな組織がより力を持つことになります。個人や小さな組織が力強くなっていく時代です。

ただ単に中間マージンで食べてきた会社は危険です。どのくらい仲介に付加価値を加えることができるか、がこれからは問われてくるのです。

金融を脅かす「アップルカード」の衝撃

金融の世界も激変することが予想されています。日本でもメガバンクが大きなリストラを行っていますが、これからさらに苦境に陥る可能性があると私は見ています。金融が単体で生き残ることは、もはや難しい時代が来るかもしれません。

象徴的なものが2019年に出てきて、シリコンバレーにも衝撃を与えました。アップルが出した、「アップルカード」です。日本にはおそらく2021年以降に入ってくるのではないかと思います。

私も持っていますが、一見するとクレジットカードです。しかし、よく見ると、高級感があるプラスチックのカードとはまるで違います。白色のチタン製。アメリカのカード会社で年会費20万円、30万円も払うようなステータスカードに似ています。

そして、番号がない。セキュリティを高めるために、番号が印字されていないのです。これなら万が一、落としても番号を人に知られ、ネットで使われることはない、というわけで

「アップルカード」の表面（上）と裏面（右）。ゴールドマン・サックスと連携し、マスターカードのネットワークを使用している

す。チップが埋め込まれており、暗証番号やサインと共に買い物ができます。

見た目もとてもお洒落で、さすがアップルなのですが、このカードは年会費無料なのです。iPhoneをはじめとしたアップルユーザーで、アメリカの「信用スコア」（これについては後に詳しく語ります）が高い人に発行されます。おそらく原価が5000円くらいかと思いますが、発行も無料、年会費も無料です。

そして驚くべきは、このカードを使うだけでモノが安く買えるということです。例えばコンビニで使う。レストランで使う。量販店で使う。どこで使っても1％割引で購入することができます。どこでも、です。ポイントバックではありません。現金にすぐできるアップルキャッシュというかたちでの即日割引です。

そればかりではありません。このカードをアプリの中に登録するアップルペイで買い物をすれば、すべて2％引きで買えるのです。アップルペイにするだけで、です。さらに、アップルと提携している小売店やレストランになると3％の割引になります。

アップルカードを持っているだけで、これだけの割引になる。カードを持っているだけで、です。実際、アップルカードを持つ人が増え、街中で次々に何が起きたかというと、小売店やレストランで顧客からのこんな質問が出るのです。

「アップルペイは使えますか？」

アップルペイにするだけで、2％割引になるわけですから、当然だと思います。実は私もそうでしたが、アップルカードを持っている人は、そう質問するのです。

そうすると、小売店やレストランの側はどう思うか。こんなにみんなが「ありますか？」と尋ねるのだから、入れておかないとまずいな、ということになるはずです。こうして、アップルペイが使える店が、どんどん増えていくことになった。

要するにこういうことです。アップルカードを持っている人が全員、アップルペイのセールスパーソンになってしまったわけです。アップルは買い物について1％、2％の割引をすることで、強力なセールス部隊を手に入れたようなものなのです。

では、なぜアップルはこんなことをやっているのか。アップルユーザーであることの利点にするためです。スマホの性能がどんどん上がり、iPhoneと遜色ない機能を持つ中国製品が半額くらいで買えてしまったりする。だから、そこで競争するのをやめた、ということです。サービスでユーザーを囲い込もうとしているのです。

そしてアップルは、金融事業で儲からなくてもかまいません。本業は別にあるからです。だから、収益度外視で金融事業に取り組んでくる。金融を、ユーザーを囲い込むためのマーケティングツールとして使ってくるということです。後述しますが、この戦略は図表1－1に示したように、ハード・ソフト・サービスに分解できます。

金融業界は、ここに太刀打ちできるかどうか。あるいは、金融事業で儲けようと考えていた人たちが、本当に儲けられるのか。フリーミアムのようなことが、金融の世界でも起きてくる可能性があるのです。

図表1-1　アップルにおけるハード・ソフト・サービス

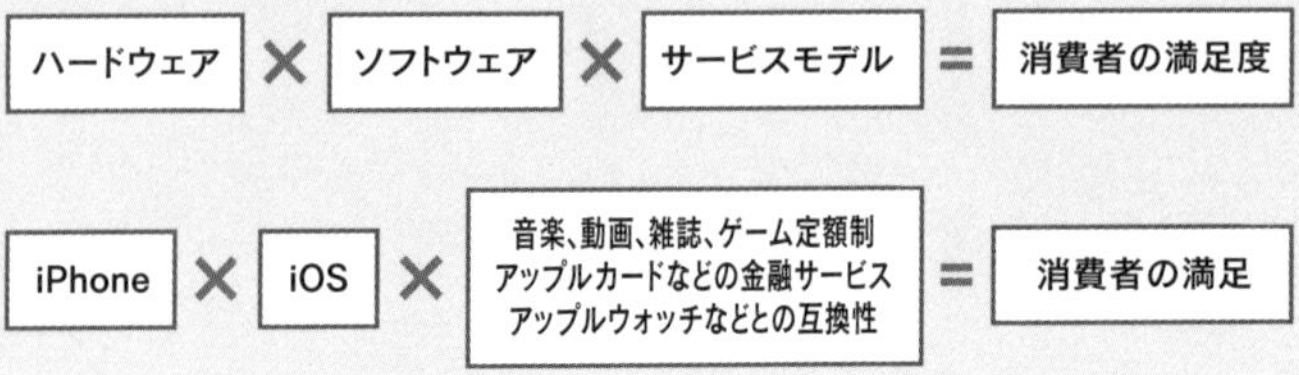

私はいずれ、金融機関は金融単体で手数料で収益を出すことが、難しくなっていくと思います。独立系の金融機関はこのままいくと収益源が先細る。プラットフォーム事業を手がける会社のサービスの一環として、下請け化していくということです。

米国では証券の売買手数料が無料というロビンフッドという証券売買アプリが登場して、オンライン証券大手のチャールズ・シュワブは同業のＴＤアメリトレードを買収し、証券会社大手のモルガン・スタンレーはオンライン証券大手のＥトレードを買収しました。手数料では儲からないという判断により、ここまで危機感は高まっています。

２０１９年11月、日本でヤフー（現Ｚホールディングス）とＬＩＮＥが統合するというニュースが大きく報じられました。金融事業も統合することになりました。当然だと思います。金融事業単体で収益を得ようなどというのは、本当に難しくなっていくからです。

統合の背景として、両社がこれからの金融事業の難しさを理解していたことも大きいのではないかと思います。

銀行の機能の大半が置き換えられる

金融とITは親和性が高いことは、多くの人がすでに気づいていることだと思います。つまり、金融のサービスがどんどんITに置き換えられてしまうということです。電子マネーは、その最たるものです。要するに、もう現金はいらない、ということです。

アメリカで衝撃的なアンケートが公表されました。1980年代生まれのミレニアル世代では33%、3人に1人が「5年後には金融機関を必要としない」と答えています。それほどにお金を使っている感覚がない。普段は電子マネー、送金や入金など、フロントライン（前面）もすべてアプリで行っているだけなので、金融機関に行くことがないのです。

一方で、モバイルアプリをほぼ毎日、1カ月に20〜30回は使っている。銀行の支店に行くのは、1カ月に1回あるかないか。こうなると、金融というビジネスで何が求められているのか、極めて明快です。

主体はモバイルアプリなのです。必要とされているのは、ＩＴの会社だということです。ここがフロントラインをすでに押さえてしまっているのです。金融機関にできることは、その裏方を担うことではないでしょうか。金融機関が表に出てくることはなくなる。電力会社のようにインフラの会社になるということです。

銀行の支店はどんどんなくなっていくでしょう。なぜなら、キャッシュを使う機会はどんどん減っていくからです。モバイルアプリや電子マネーで事足りてしまうのです。

そんなことが起こるはずがない。キャッシュこそが信用だ。現金だから、貨幣だからみんな信用しているのだ、という声が聞こえてくることがあります。しかし、歴史をよくよく考えてみる必要があります。

貨幣が登場するまで、経済は物々交換で成り立っていました。江戸時代、年貢はお米で納められていましたし、お米が藩の経済力の指標でした。後に貨幣が広く流通するようになり、これは便利だということになるわけですが、逆にいえば実質的な貨幣経済の歴史というのは、たかだか３００年くらいしかないということです。未来永劫、続くことが保証されたものでもなんでもないのです。

また、景気をよくしようと財政出動、つまりお金をばらまいたりしても、なかなか効果が出なくなっている。しかし、どこに問題があるのかはわかりません。正確な統計が取りにくいからです。

日本銀行の統計はありますが、極めてざっくりとしたものです。例えば、どの年齢の人がどの種目で何を買っているか、なんて細かなことはまったくわかっていない。

もしこれが電子マネーやモバイルアプリだったらどうか。データがかなり捕捉できるのです。そうすると、経済的な施策も打ち出しやすい。より効果的な打ち手が出せるわけです。感染症による危機でも、リアルタイムに客足、売上の変動がわかっていれば、より効果的な対策がとりやすくなります。

お金は経済の血液だといわれていますが、貨幣の経済のもとでは、どこからどこへ血液が流れているのか、実は正確にはわかっていないわけです。それなのに大量に輸血したところで、極めて効率が悪い。どこで血の流れが滞っているのか、肩が凝っているとわかれば、そこに直接アプローチができるのです。

要するに、電子マネーは貨幣よりもずっと便利だ、ということです。なぜ若者たちがモバイルアプリを使うのか。それは便利だからです。データで自分を知ってもらうことで、自分が求めるサービスを受けやすくもなります。

日本でも、貨幣以外のものが実質すでに流通しています。楽天ポイントなど、その最たる例でしょう。貨幣でないのに、みんなが貯めて、ポイントとして使っているわけです。

貨幣の時代、金融の主役は銀行でした。しかし、その主役が交代する可能性があるということです。アメリカの銀行は、そのことに気づき始めているのだと思います。例えば投資銀行で世界に知られたゴールドマン・サックスは、500人いたトレーダーの9割を解雇し、5人ほどのエンジニアに業務を置き換えてしまいました。

そして、先の「アップルカード」にはゴールドマン・サックスの名前が印字されています。裏側のシステムを手がけているのは、実はゴールドマン・サックスなのです。アップルと手を組んだのです。一方で、アマゾンの小売業者へのローンをゴールドマン・サックスは支援すると報道されていて、テクノロジー会社と全方位で提携していこうという姿勢が見られます。

他にも、ITの巨人たちと、アメリカの金融機関は次々に提携を始めています。シティバンクはグーグルと手を組むという報道がありました。

この先、銀行のみならず、証券、保険領域も合わせ、決済から何からすべてをIT中心に大編成する可能性が十分にあると思います。

競合は同じ業界にいるとは限らない

自分たちの業界には、そんな流れはやってこない、と考えている人たちもいます。しかし、弾は思ってもみないところから飛んでくる、ということを理解しておく必要があります。これからの競合は、同じ業界の競合とは限らないからです。

今、デジタルカメラが苦戦していますが、追い込んだのは携帯電話であり、スマートフォンでした。いったいカメラメーカーの誰が、電話機が自分たちを追い込むなどということを想像できたでしょうか。

一方で、スマートフォンのメーカーはデジタルカメラを駆逐しようとしてスマートフォンを出したわけではありません。ユーザーに便利だろう、と思うことを純粋に追求しただけであり、「敵意がないからこそ、どこから来るかわからない」というのが厄介なのです。

また、アメリカや中国では飲食業界にも異変が起きています。「席のないレストラン」が大ヒットしているのです。「ゴーストキッチン」です。あるのはキッチンだけで、作ったものを家や会社の席まで配達員が届けてくれます。自宅避難令が出ているときなど重宝されます。

レストランを開くとなれば、お店を作ることがこれまでは常識でした。しかし、そうなれば、巨額の投資が必要です。お店を開いた後も、給仕をする人材を獲得し続けないといけなかった。

しかし、ゴーストキッチンにはそんなものは必要ありません。料理をするスペースさえあればいい。人件費も少なくて済む。大きな利益率のビジネスになったのです。

しかも、お客さんのところへは、できたてが届く。そうなれば、冷めたものをレンジで温めるような、お弁当を買いたいかどうか。短い昼休みに、長蛇の列に並びたいか。コンビニのお弁当や街のレストランに、とんでもない競合が現れたのです。誰が、こんなことを予想し得たか。

しかし、アメリカ、中国で起きていることは、多くの場合、5年後、10年後には日本に来ます。そして、様相はがらりと変わる。消費者は、便利なほうを選ぶからです。

日本企業も今の業績だけを見ていても仕方がありません。今の業績はいわば、経営を車に例えればバックミラーです。見るべきところはフロントガラスで、未来に何ができるか、です。

そして、フロントガラスの視界を良好にするために、過去の専門知識だけではなく、そのための先が読める人材を集める。役員や取締役に登用する。いわば役員や取締役会はフロントガラスであって、社長はフロントガラスの視界から得た情報を実際の運転につなげるハンドルの役割を果たします。執行部はいわばエンジン、モーターでしょうか。

少なくとも、一つの世界しか知らない人ばかりの視界の狭いフロントガラスでのディスカッションは、危険でしょう。ましてや、これから急カーブだらけの道になります。

日本は、そして日本企業のビジネスパーソンは、大きく発想を変えないといけない時期に来ているのです。

正解は常に変わる。過去の延長線上にはない

時代の大きな変化を捉えて、OS、プラットフォームなどのキーワードを次々に打ち出してきたのが、アメリカでした。なぜアメリカにそれができて、日本にできなかったのか。背景には、大きな考え方の差があると思います。そして、それをもたらしたのは、間違いなく教育だと感じています。

私は日本でも学び、アメリカでも学ぶことになりましたが、アメリカに留学して改めて感じたことがありました。それは、不変の正解というものはない、ということです。正解は常に変わる、というのがアメリカの教育なのです。

ハーバード大学では、もちろん教えている先生は素晴らしい人たちが多かったです。しかし、先生は「自分がよい答えを持っているとは限らない」というスタンスです。もしかしたら、生徒のほうがよい答えを持っているかもしれない。そういう発想なのです。

だから、ディスカッションが推奨されています。自分はこう思う、と言うことも大事だし、これはどういうことなのか、と質問することも大事。ディスカッションが活発化するような雰囲気づくりを先生がする。

「それはいい質問だね」という言葉が、よく飛び出します。自分がこう思う、ということがもしかしたら見当違いだったかもしれない、というときも、否定はされません。「そういった意見もあるね」というスタンスです。

「じゃあ、これについてはどう思うかな」とフックにすら使ってディスカッションをしていく。先生は正解を教える人なのではなく、よりよいものを引き出していく、という存在なのです。

だから、いろいろな人からアイデアが生まれてくる。次はこうなるんじゃないか、という意見が出てくる。今はこうだけれど、次は違うかもしれない、という考え方になる。そういう発想の体系になっていくのです。

企業の組織でも、ボトムアップを大事にします。いろいろな人の多様な意見を求める。それを尊重し、次につなげていこう、新しい答えを出していこう、という意識がある。

ところが日本の教育は、まさに逆ではないでしょうか。百点満点の正解がすでに常にあるという前提です。正解でなければ、×（バツ）。そう評価されるだけです。

この発想体系では何が起こるのかというと、答えは必ずある、という前提で、その答えの延長線上に未来があると考えていく。未来は過去の延長線上にあるということです。

すでにある正解から逸脱した未来がある、ということには思いが及ばない。先生や先輩が言っていることを覆すこともできない。

だから、70インチの8Kのテレビが出てくるわけです。今や世界で起きているのは動画アプリを通じてスマホやタブレットで映像を楽しむことです。インスタグラムやTikTokは、だから支持されている。テレビで楽しんでいるわけではないのです。なのに、なぜ、今なお大型、高機能テレビなのか。

これは後に詳しく書きますが、今後は5G時代になって、4Kと同じくらいの画質のものがスマホで見られるようになります。そんな時代に、70インチの8Kのテレビに巨額の開発投資をする意味が防御的な意味以上にあるのか。

そんなことよりも、オンデマンドで見たいときに見られるような環境をこそ、人々は求めているのです。しかし、そういう話は、日本ではほとんど通じません。大型、高機能のテレビを作ることが、すでに目的になってしまっているからです。その延長線上に発想が偏りがちになります。

正解があるという教育に加え、企業組織では年功序列の制度もマイナスに作用したと思います。戦後の日本は、アメリカに追いつけ追い越せ、が正解でした。そのキャッチアップに、軍隊的な年功序列は大きく寄与したと思います。

ところが、アメリカが失速し、アメリカに追いついてしまったときに、正解はなくなってしまったのです。かといって、年功序列のもと、ディスカッションをして、過去の延長線上にない正解を探そうという文化もなかった。

何が起きたのかというと、誰も答えがわからない中で、迷走してしまったのです。失われた30年は、間違った正解、蜃気楼を追いかけ続けた30年でした。もっといえば、実は存在しなかった「正解」を見つけられない30年だったのではないでしょうか。

そしてリーダーにも、新しい正解を見つけるインセンティブとなる成果連動型の報酬はありませんでした。

詳しくは第4章で述べますが、クラウド、5G、ブロックチェーン等々の「テクノロジーの関係図」と、B2B、B2C、サブスクリプション等々の「ビジネスモデル」を掛け合わせることで、さまざまな「最新のテクノロジー活用ビジネス」が生まれています（202～

203ページ、図表4－2)。

「正解は常に変わる」という状況で、リーダーは常にこの図式を頭に入れて、経営を考える必要があります。

Perspective of venture capitalist in Silicon Valley

第2章

イノベーションによる大変動を捉える

イノベーションは異質なものの「新結合」から生まれる

イノベーションという言葉が、当たり前のように使われるようになりました。そして、イノベーションを求めている、という会社がたくさん出てきています。

イノベーションとは、新結合という意味です。そもそもの語源、成り立ちは、経済学者による造語です。違った分野のものがつながることによって、新しいものが生まれる、という意味です。

間違えてはいけないのは、いきなりまったく新しいものがポンと出てくるわけではない、ということです。

私は東京大学とハーバード大学で修士号を取得しました。2つ持っているわけですが、当時は博士号にしなくて私には正解だったと考えています。

そもそも私は京都大学で分子細胞生物学を学んでいたのですが、東大の大学院が、かなり複合的なところでした。環境学や環境破壊の裏にある貧困問題など、環境と社会の表裏一体の関係や経済学、テクノロジーについて、工学やインフラ開発なども含めて、問題を解決するためのツールとして、これまでの既存の学問を幅広く学びました。

銀行に就職し、ニューヨークで働いてから通ったハーバード大学では、公衆衛生を学びました。経済学、生物統計学、医学など、すべての分野の知識を駆使して、やはり社会問題を解決する実践的な領域でした。

最近、ハーバード大学でも、スタンフォード大学でも、社会人向けに、大学に通学する期間をなるべく短くし、遠隔でも学習できる形にして、博士号を取ることに3年間だけ取り組むようなプログラムが出てきています。社会人が博士号を持ち、アカデミックの分野を横断的に研究していくことが必要になってきたのだと思います。

もはや研究者は研究者でいい、研究一筋、博士号一筋でいい、という時代ではなくなってきている、ということをハーバードやスタンフォードは認識しているのです。背景にあるのが、イノベーションです。

業種を超えた経験がある人、特定の業種の専門用語や仕組みを一般向けに翻訳できる人、業界を理解してつないでいける人。そんな人がもっといないと、イノベーションが起きない。起きるきっかけがない、という考えなのだと思います。

アメリカが意志をもってやろうとしているのは、イノベーションを起こしやすい環境を作っていくことです。学問の領域でも、どんどん複合的な組み合わせができるような取り組みを進めています。

これは会社も同様です。どうすれば、イノベーションが起きやすくなるか。別のものを組み合わせたり、結合したりするきっかけを作れるか。それを強く意識しているのです。イノベーションは、狙って起こせるものではないからです。そのきっかけを作ることが重要で、そこから起こる化学反応の発生確率を上げるのです。

例えば、ある企業のオフィスひとつとっても、なぜ座席の決まっていないフリーアドレスが当たり前になっているのか。フロアのあちこちに、立って会話ができるようなテーブルを置いているのか。会議室などというものではなく、ちょっと集まって話ができるようなスペースを作っているのか。

それは、異なる領域、異なる部門、異なる仕事、異なる職種の人たちが交流することで、新しい結合が生まれる可能性がある、ということを認識しているからです。

いつも同じ座席に座り、同じ人が隣に座り、同じ毎日を繰り返すだけの人と、どちらがイノベーションが起きそうか、想像できると思います。

同様に、ただデスクやテーブルが並んでいるようなオフィスではなく、遊び心に富んだ、ワクワクするような工夫のあるオフィスのほうが、いろいろな交流が生まれたり、さまざまな結合が生まれたりするはずです。

日本でもかつて大きく報じられましたが、グーグルがユニークなオフィスを作っているのは、まさにこのためです。オフィスにキッチンがあったり、お菓子があったりすると、人が集まります。何気ない会話から、アイデアが生まれることは多い。それをわかっているからこそ、ユニークな取り組みが推奨されているのです。

また、人事制度や福利厚生、ボランティアなども、イノベーションを意識して設計されています。違った専門分野の人とディスカッションできるかどうか、ということは採用時点でも資質として問われます。

私はこの領域の専門家だから、と殻を閉じてしまう人はやはりうまくいかない。今の時代のベンチャーでは、いかに他の世界の人たちと忌憚のないディスカッションができるか、そこから自分なりの解釈や仮説が出せるか、が問われてくるのです。

なぜ、これほど急激にAIが進化したのか

ＡＩ、人工知能は過去に2度のブームがありました。１９５０年代のダートマス会議をきっかけにして生まれたＡＩブーム。それからマシーンラーニングという機能が生まれて、１９８０年代に第2次ブームがありました。

そして2006年頃から始まったのが、第3次ブームです。言うまでもありませんが、過去の2つのブームに比べると、今の人工知能は圧倒的に進化しています。第2次ブームのときとはまったくレベルが違う、と感じている人も多いかもしれません。

背景にあるのが、イノベーションです。ここでも、新結合が起きたのです。もともとあったコンピュータ技術と神経科学、クラウドという異分野が融合したのが、今のAIなのです。

もともと、神経科学を機械学習に応用した手法は1957年には考案されていましたが、計算能力不足や、精度が落ちてしまう問題が続いていました。それを解決したのが今のディープラーニング（深層学習）です。

第2次ブームの時代のマシーンラーニングは、Q&Aを思い浮かべるといいと思います。「熱がある。顔が赤い。ほっぺが腫れている。これは、おたふく風邪です」と判別する。いわゆるパターン認識です。これをエキスパートシステムと呼んでいます。

しかし、認識するためには、膨大な量のパターン認識データが必要になります。それだけのコンピュータ性能が当時はありませんでした。コンピュータの性能は、今の携帯電話以下だった。コンセプトはあったものの、膨大な量のパターン認識を記憶する方法がなかったのです。

ところが今は、クラウドが出てきた。とんでもない量のデータにアクセスし、処理ができきるわけです。

パターン認識のエキスパートシステムでは、例えば猫を認識するとき、「これは猫だ」と定義しないといけませんでした。例えば、猫というのは、目があって鼻があって、ヒゲがあって、といった具合にコンピュータに教える。

しかし、猫といってもたくさんの種類があります。いくら教えても、未知なる猫が来たときに、猫と判別できない。そして、これは人間の能力をひもとくと見えてくるのですが、そもそも何が猫か、ということを教えることができないのです。なぜなら、人間はそれをなんとなくやっているからです。

実際、猫というのはこのくらいの大きさで、毛が生えていて、しましま模様で、あ、これは猫だ、と判別している。いろいろなパターンがあって、だんだん認識を深めて、あ、これは猫だ、と積み重ねていくわけです。

これこそまさに、ディープラーニングなのです。なんとなくこの大きさ、なんとなくこの目と鼻の距離、これは猫なんだ、と捉える。これを、ディープラーニングでは「特徴量」と呼んでいます。人は、この特徴量を積み重ねていって、物事を認識しているのです。

例えば、画像解析で「この人は山本さんだ」という認識をする要素の一つは目と鼻の部分の比率だと言われています。その比率を瞬時に見極めて、「あ、これは山本さんだ」と判断しているのです。しかし、人間はそのことをまったく意識していないでやっている。ただ、裏側を計算すると、そうなのです。

つまり、人間のやっていることのバックエンドを数式にしているのが、今のディープラーニングなのです。人間がこうしている、という判断を、どうやったら真似できるか、という取り組みを徹底してやっている。ひたすら真似ているのです。

人間ができることが、コンピュータにできるのか。膨大な計算を可能にするクラウドがあれば、それは可能になります。計算には手間はかかりますが、それをやってしまえるような計算量を人間が手にすることができたことが、革命的なのです。

したがって、AIの力があるとはつまり、クラウドを持っていることが前提になります。クラウドがなければ、ディープラーニングを十分に独自に開発できない。AIを手がけるには、クラウドが必要です。そうすると、だいたいアマゾンやグーグルやマイクロソフトのサーバーを使うことになるわけです。

逆にいえば、AIとは、データを持っている数社の手のひらで転がされているようなものだ、ということもいえます。データこそが、AIを可能にしているからです。

そして間違えてはいけないのは、この領域で最先端を走っているのが民間企業だということです。大学はクラウドサーバーを所有・開発していないからです。一番やってはいけないのは、日本だけでいわゆる〝専門家〟に全面的に話を聞いてしまうことです。メディアはチェック機能をほぼ果たせておらず、テレビ、雑誌、イベント登壇で有名な人だからというのはまったく当てになりません。

感染症対策において、ワイドショーなどに出てくる「自称」専門家の発言を聞いて、「いかにメディアが機能していないか」と感じたことが記憶に新しい方々も少なくないでしょう。先端のメインは日本ではないのは周知の事実ですし、その場所は大学よりもアマゾン、グーグルなど民間でそこに属するエンジニアのほうが最新の知識を持っていることが多くなりつつあるからです。必ず、その方にしっかりとした統計学など理系の知識があることを確認してから知見を取り込んでください。

中国はイノベーション大国である

ＡＩもイノベーションから生まれたわけですが、今最もイノベーションが生まれている国はどこかといえば、アメリカ以外では中国だと思います。そしてアメリカは、中国を注視しています。

実際、例えば中国のスーパーアプリ、ウィーチャットは単なるチャットに使うアプリではなくなっています。生活のあらゆる領域を取り込もうとしています。食事や買い物のお使いサービス、ヘルパー派遣、家事代行、チケット購入やドライクリーニング業者と連携していたりもする。もちろん、金融機能も持っています。

この金融機能に注目したのが、アメリカのフェイスブック(Facebook)です。おそらくウィーチャットを参考に、フェイスブックメッセンジャーから、送金をするなど、いろいろなことができるようにしようとしているのです。

アメリカ企業がヒントにしようとするくらいですから、中国はアメリカ以上にイノベーティブな取り組みをしている、といってもいいかもしれません。

昔の中国は、コピーをして粗悪なものを世に送り出す、というイメージがありましたが、今は変わってきています。面白いものはどんどん取り入れようというハングリーな姿勢が、むしろポジティブなイメージを生み出しています。

海外からいいものを取り込んで、とりあえず作ってみる。このマインドセットは、今の中国のイノベーションの源泉です。そして政府もそれを後押ししている。コピーライトでいうとギリギリのところもあったりしますが、政府も応援しているので、とにかくやろう、という意欲が強いのです。今回の感染症対策でも、無人配達・監視の実験を行うなどアグレッシブに新しい取り組みを行っていました。

実際、作ってみて売れなかったら、さっさと発売中止にしたりします。ファーウェイは、曲がる液晶画面のスマートフォンを20万円ほどで売り出しました。本当に売れるかどうかはわかりませんが、とりあえず作ってみる、というところは評価できると思います。

こういうことを、実はかつての日本企業はよくやっていたはずなのです。キャッチコピーではありませんが、日本のものづくりは「目の付けどころ」が世界から高い評価を得ていた時代もあった。ところが、だんだんとエッジが取れてしまった。アメリカでは、今はそのイメージが中国に置き換わっている可能性が高いです。

中国の家電メーカー、シャオミが日本に上陸して、思い切った価格、大胆なデザイン、ユニークなコンセプトがニュースにもなりました。こんな機能を使うかな、というスマート家電への取り組みもありましたが、やはりまず出してみることが大事。尖ったことをやってみることに意味があると思うのです。

逆にいえば、思い切ったことができるのは、ある意味、余力もあるから、ということでもあります。ある一定層に刺されば、もうそれで十分だという割り切りがある。その姿勢が、イノベーティブな取り組みを呼び込んでいる。

これは、いいKPI（重要業績評価指標）でしょう。最低このくらい売らないといけない、これくらいの台数を出さないといけない、となったら思い切ったものはできない。マーケットはとても大きいわけですから、すべてを取らなくてもいいのです。

その中で特定のターゲット層に支持されるものを作ればいい。流行に敏感な人に刺さればそれでいい。ニッチ層で構わない……。新規参入だから、ということもありますが、思い切ったことをやってくる。これは正しい戦略です。

もしかすると、日本とは真逆の発想、といえるかもしれません。日本企業は、なんとかマーケット全体に支持してもらおう、万人受けしようと考えてしまう。その結果として、どっちつかずの誰にとっても面白いとは思えないものを作ってしまったりする。ターゲットを絞り込むことができない……。

余裕がないのかもしれませんが、これはとても残念なことです。

実際、シリコンバレーでは「日本（企業）はイノベーティブである」というイメージはほとんど持たれていません。これが現実です。すでに中国にイメージでも抜かれている。そのことに気づいておく必要があります。

日本企業は、改めて今こそ思い切ったことをやらないといけない時期に来ています。

ビジネスリーダーは料理人でなければならない

思い切ったことができない会社が何をやっているか。典型的な例は、マーケットの声に、過度に依存してしまうことです。消費者が何を求めているのかを探り、それこそがニーズだと勘違いしてしまう。それ以外のものを排除し、新しいチャレンジを受け入れない。

先にも書いたように、馬車が当たり前だった時代には、どんなマーケットリサーチをしたところで、「車がほしい」とは誰も言わなかったはずです。車というものがまだ世の中になかったからです。

もっと速く走れる馬がほしい。もっと速く走れる車輪がほしい。消費者は馬車の延長線上でしか考えていないのです。しかし、車というもっと便利なものが現れたら、あっという間にそっちに乗り換えてしまうのです。顕在化された需要を「ニーズ」といい、商品が出てこなければわからない需要を「シーズ」といいます。

本当に求めているのは、「あ、こっちのほうが便利だ」という気づきなのです。ところが、作り手はそのことになかなか気づけない。バイアス（偏見）がかかるからです。

先にも触れたように、iPhone がそうでした。iPhone の本当の価値は、アプリにあった。

いろいろな人がアプリを作り、これこそが「あ、こっちのほうが便利だ」といえるものでした。

消費者が求めている電話としての機能は、実は優先順位が低かったのです。長時間電話するからバッテリーが保たないといけない、というのが当たり前だった時代に、バッテリーが保たない電話機を世に送り出したのが、アップルだった。電話機では防水が当たり前だったのに、防水ではなかった。それでも大ヒットするわけです。

そして、場所代としてアプリ開発会社からアップルは3割を受け取る。これは、モノづくりの延長線上にはないビジネスモデルでした。

私がよく言う例えなのですが、基本的にすべてのビジネスリーダーは料理人でなければならないと思っています。プロの料理人で、「何が食べたいですか」とわざわざお客さんに聞いて料理を作る人はまずいません。

こういうものを作りたい、こういうものを食べてほしい、というメニューを考え、少し高い価格でも提示して、おいしいと言ってもらいたい、という話なのです。

iPhoneが日本で出なかった理由は、この発想が欠けていたからではないでしょうか。お客さんの注文をそのまま受け入れようとしていた。バッテリーや防水性能をいかに高めていくか、電話機としての外見をいかに美しいものにしていくか、に取り組んだ。しかし、それではiPhoneの発想は出てこなかったのです。

もちろん、通信キャリアが強すぎた、ということもあるかもしれません。こういうものが売れているからと他のメーカーにも同じようなものを作らせた、という背景もあると思います。さらに興味深いのは、あるコンサルティング会社が入ってアドバイスをしても、ガラケーの世界からは抜け出せなかったとも言われています。

むしろ、携帯でインターネット接続をする必要などない、とコンサルティング会社が言っていた時代もありました。それを、通信キャリアもメーカーも真に受けてしまった。でも、あとの祭りです。すべては発注側の自己責任です。後に、大きな機会損失になりました。なんとも、残念な話です。

２０００年代前半に消費者にアンケートを取れば、誰もが折り畳み式の携帯電話を欲しがりました。しかし、ここから抜け出すことこそが求められていたのです。消費者に意見を聞いても、聞くだけではイノベーションは生まれないのです。思い切ったチャレンジが求められるのです。

その後のスマートスピーカーでも、日本企業はアメリカ企業に先を越されました。アマゾンエコーの構想段階だった２０１３年に市場調査をしても、「聞いたことに答えてくれる黒い筒状のデバイス」をほしいとは誰も言いませんでした。誰も買いたいとは答えませんでした。

ところが、実物が登場すると大ヒットすることになった。消費者へのアンケートというのは、その程度のものだということです。かたちのないものは評価できません。かたちにしたものを提示して初めて、正当な評価を受けることができる。

正解が見えにくくなった今だからこそ、思い切って作り、少量で荒削りでいいので世の中に出すことに意味があるのです。中国企業がそうしているように。

本業がずっと同じだなんて、ありえない

そもそも、会社の本業は変わる可能性が大いにある、ということに気づいておく必要があります。本業がずっと同じだなんて、ありえない。むしろ、本業は変わっていかないといけないのです。

例えば、時価総額で世界一を争うアップルは、もともとパソコンを作っている会社でした。社名も、アップルコンピュータでした。ところが、社名からコンピュータを取り、アップルになりました。2007年のことです。

まさにiPhoneが出た年でした。ここから、利益の9割がiPhoneから生まれるような会社

になっていった。単なるパソコンを作っている会社ではなくなっていったわけです。

しかし、アップルはiPhoneの先行きについても、きちんと考えていました。同じようなものを世界中の会社が真似て作ってくることもわかっていた。そこで、2019年からは、自分たちはサービスカンパニーになる、と言い出し始めました。

ゲームのサービス、アップルアーケードを出す。これは後に詳しく書きますが、映像コンテンツを作るアップルTVプラスもスタートさせる。私が驚いたのは、アップルの記者発表で、もはやハードウェアを大々的に発表しなくなったことです。

パソコンやiPhoneがこんなふうになります、ということを、なんともさらっと後から伝えた。これは、もはやハードウェアは単なる箱であって、自分たちはサービスカンパニーになるのだ、という彼らの強烈な意思表明だったのだと思います。

あの時価総額世界一であり優れた製品で知られるアップルでさえ、本業を変えてきたし、変えようとしているのです。およそ10年周期で、変えてきている。だからこそ投資家から評価されているのだともいえます。きちんと未来を見ているということです。

先にも書いたように、株価が示しているのは、未来への評価です。それが出ているのが、まさに時価総額、なのです。今の会計だけではないのです。

もちろん景気など外部要因にも左右はされます。日本の上場株はすでに売買高の半分以上が外国人投資家によるものです。日本企業の取り組みが投資家に評価されない。「業界外の人にはわからないだろう」ということがあるかもしれません。外国人投資家は他国の別の取り組みをすでに見ていて、それと比べると日本企業のビジョンの先見性が伝わりにくいという可能性もあると思います。

もどかしいですが、根気よく、わかりやすく、取り組みの違いと目指す方向を説明する必要があります。

グーグルも、もともとインターネット検索サービスを提供している会社でしたが、目指す方向は、「情報を整理して使えるかたちにする」というわかりやすさで、今では人工知能、クラウド、地図、モバイルなど、さまざまなサービスを提供する会社になっています。創業約20年で約100兆円の時価総額（日本最大であるトヨタの約4倍）になり、将来的には今開発中の自動運転やヘルスケアの事業が成長の中心になっていてもおかしくはありません。

アメリカでも、本業を変えられない会社は苦戦しています。HPしかり、デルしかり、スマートフォンの時代、アジア企業が勃興する時代にパソコンを作り続けていても、なかなかうまくいかないのです。

一方、日本でも本業を大きく変えて成功している会社があります。例えば、全日空。今では日本最大の航空会社になっていますが、全日空のスタートはたった2機のヘリコプターから、だったのです。もともとはヘリコプターの会社だったのです。

実際、空港で全日空の飛行機に乗るとき、便名に「NH」が入っていると思います。日本航空なら「JL」ですが、全日空がなぜ「NH」なのか。これは、日本ヘリコプターの略なのです。

ヘリコプターから始まって飛行機になって、民間で独自に国際路線を開拓して、苦労して航空会社になったのです。全日空といえば、今や日本を代表する大企業ですが、もともとはヘリコプター事業を手がけるベンチャーだった。それが本業を変えて、航空会社になった。日本企業にも、こんなスピリットがちゃんとあるのだということを、忘れてはいけないと思います。

他にもあります。日本最大の製造業、トヨタ自動車はもともと繊維機械の豊田自動織機の自動車部門を分社化した会社でした。アメリカでフォードのTモデルが量産されていたのを見た創業者（豊田喜一郎）が、これからは絶対に車の時代が来る、と考えたのです。

その英断があったからこそ、豊田自動織機は自動車の事業を始めました。そして、やがて本業を追い越していったのです。工作機械や産業用ロボットのファナックも同じです。富士電機からスピンアウトして、本業を追い抜くまでになった。

その意味では、親会社がある程度自由な新規事業向けの子会社を作り、それが大きくなって親会社を抜く、というモデルが、会計としての利益も親会社に入り、日本にはいいのかもしれません。最もうまく新陳代謝が働く。

本業が追い込まれて大規模なリストラをする前に、財務的な体力があるうちにエースを社内外から集め、新しい事業を子会社でスタートさせる。そんな方法もあると思うのです。三菱ＵＦＪ銀行が作ったジャパンデジタルデザインはその一つかもしれません。

ビジネスモデルを大きく変えたマイクロソフト

本業の持つ価値はそのままに、ビジネスモデルを大きく変えて、評価を一変させた企業もあります。マイクロソフトです。

WindowsOS、Office など世界最強のプロダクトを持っていたとはいえ、創業から40年以上経ち、新興ＩＴ企業が続々と登場する中、モバイルへのシフトも逃し、古い会社のイメージから抜けきれていなかったのが、マイクロソフトでした。

ところが売上高10兆円、10万人が働くこの巨大企業が、大きくビジネスモデルを変えたのです。結果として、GAFAをしのぐほどの時価総額となっています。アップルを追い抜いて、時価総額世界一に返り咲くタイミングもありました。

実際、マイクロソフトの時価総額は2009年には15兆円近くだったものが2019年には7倍の100兆円を超え、先述したグーグルと同様にトヨタ自動車の4倍ものスケールになっています。2009年頃はパソコンのOSから携帯電話のOSへの消費者シフトを捉えることができず、創業者のビル・ゲイツが人生最大の失敗というほどの停滞が続いていたのです。

そんなマイクロソフトにいったい何が起きたのか。転機のきっかけは、2014年、CEOが3代目のサティア・ナデラに代わったことでした。クラウド事業を率いていた新しいCEOは、ここから大改革に挑むことになります。

3万円、4万円という価格で売っていたドル箱のソフトウェアを、月額数千円〜というサブスクリプションモデルへと変えたのです。法人向けにサーバーを売っていたビジネスも、クラウドビジネスに転換しました。

数万円が数千円になってしまうわけですから、短期的には売り上げ、利益は激減します。サーバーのクラウド化よりも、サーバーを売っていたほうが、明らかに利益率は高い。さらに保守で年間約20％の収益も生んでいました。100億円のサーバーを売れば、毎年20億円が入ってきたのです。

こんなおいしいビジネスはなかなか手放せるものではありませんが、時代の流れは明らかにサブスクリプションやクラウドに向いている、と新しいCEOは決断したのです。断腸の思いで事業モデルの転換に踏み切った。

短期的に利益は減るのですが、この大変革を高く評価したのが、実は世界の金融の中心地であるウォール街でした。投資家たちは、未来に何が求められるのかを、よくわかっていたのです。マイクロソフトというテクノロジーで底力のある会社が古い事業モデルを変えることがどのくらいのインパクトにつながるのか、理解していたのです。だから、株価が急伸していった。

サブスクリプションモデルがなぜ評価されたのか、詳しくは後に書きますが、何よりユーザーにとって、さらにはメーカーにとっても利点が大きかったということです。

そしてマイクロソフトはここで、もうひとつの大改革をしています。それは、クローズドな事業モデルから、オープンな事業モデルへの大転換でした。

それまでは競合だったアップルにソフトウェアを提供することを決断。実際、iPhoneでもOfficeが使えるようになりました。他にも、さまざまなベンダーと手を組み始めます。ハードウェアではなく、重要なのはソフトウェア。これを理解していたから、です。そして、オープン化によってマイクロソフトのプロダクトのユーザーは大きく増えていきました。

アップルの動きもそうでしたが、テクノロジーは、10年周期でビジネスを変えていくと私は感じています。強いアップルでさえも、マイクロソフトでさえも、事業モデルを転換せざるを得ない。そのくらい消費者の動きは激しいのです。そして事業モデルを大胆に変えることも、イノベーションのひとつなのです。

新興企業のフェイスブックも、あっという間に「おじさんメディア」といわれるようになり、いち早く10代、20代で当時流行していたインスタグラムを買収しました。これは、よい買い物でした。ただ、今のアメリカでは若い世代にはTikTokが人気です。中国発のアプリです。

若いティーン世代が何を支持しているかは、極めて重要です。なぜかといえば、10年経てば彼らが成人して、消費層に入っていくからです。彼らの嗜好はビジネスに大きな影響を与えます。ITの世界では、ティーンは大きな力を持っているのです。

最も感覚が研ぎ澄まされていて、最もまっさらな状態にあるのが10代です。彼らは本能で商品やサービスを支持する。そこに合ったものをいかに提供し続けていけるか。今の大人に支持されていても、やがてその世代は年を取っていく。

世代の入れ替わりもまた、ビジネスを変えていかなければいけない理由なのです。

「ハイパーループ」の時代には大阪―東京間で「航空」業界はなくなる

テクノロジーが変わるとビジネスモデルも変わります。正確には変わらざるを得ません。なぜなら、古いビジネスは生き残ることができないからです。テクノロジーは、ビジネスを破壊してしまうこともあるからです。

例えば今、リニアモーターカーのプロジェクトが進んでいます。時速600キロで走れば、東京から大阪までの間が約50分になると言われている。ただ、時速600キロというのは、空気抵抗があるからです。

もし、ここで真空管を通すというテクノロジーが生まれたら、空気抵抗がなくなる分、さらに速くなります。次世代交通システム「ハイパーループ」です。その速度は時速1200キロにもなるといわれています。一回あたり輸送できる量は減るかもしれませんが、単純に考えて、リニアで50分の東京から大阪までの間が約25分になるということです。

こうなれば、航空会社が大きな利益を上げている路線、東京―大阪路線にビジネス上、大きなダメージを与えることになります。飛行機と新幹線は今、拮抗していますが、リニアモーターカー、さらにはハイパーループが出てきたら、勝負ははっきりしてくるのではないでしょうか。多少、運賃が高くなったとしても、速いほうに乗る人は多いと思います。

となれば、航空会社はどうすべきか。私は、利益だけを考えるのであれば、ハイパーループを自分たちで作ってしまうべきだと思っています。ＪＲがハイパーループを世に送り出す前に、航空会社が作ってしまうのです。

そして、例えば全日空という社名も変える。全日本モビリティにする。そもそもユーザーは何を求めているのかというと、東京―大阪間を移動することです。飛行機に乗ることではないのです。そうであるなら、飛行機以外のモビリティ事業をやってもいい。いや、やるべきだと思います。

アップルが社名からコンピュータを取ってしまったのと同じように、新しいものが出てきたら、そのテクノロジーを取り込んでしまうような体制でないといけないと思うのです。

社名が航空だから航空しかやりません、というのではリニアやハイパーループが出てきたとき、残念ながら駆逐されて会社はなくなってしまう可能性があります。そもそも航空業界は、できて１００年も経っていない業界なのです。

ライト兄弟の初飛行も１９０３年で、民間による旅客輸送が本格化してきたのはリンドバーグによるニューヨーク―パリ間飛行の後の１９３０年代から東京オリンピックの開催で日本国内線も増えた1960年代にかけてです。

長距離移動は船から飛行機が主になり、人を乗せる船は娯楽のためのクルーズ船が主になりました。馬に乗ることが主な移動の手段だった時代から、車が登場したことによって趣味としての馬術へと変化したことを連想させます。

変化は業界の競争相手からだけではなく、業界外からやってくることが多いのです。環境への影響もビジネスにより考慮されている時代で、どんな変化がテクノロジーの進歩によって起きてもおかしくないのです。

全日空に関しては、デジタル・デザイン・ラボという新規事業専門のチームを作ってドローン配送や旅行による学習サービスなど徐々に飛行機以外のビジネスにも本腰を入れてきています。

そもそもなぜユーザーは飛行機に乗るのか。誰かに会いに行くためではないか。そうであれば、テレビ電話で会えるシステムを作ったらどうか、ということでアバターと呼ばれるサービスを実際に展開しようとしています。テレビ電話で会えてしまう、ということです。

これが雑誌『日経トレンディ』の未来予想でランキング入りしたりして、大いに注目されることになりました。航空会社が、会いに行かなくてもテレビ電話で会えるサービスを作るというのは、ある意味、自己否定です。しかし、自己否定ができる会社こそ、より強くなれる可能性があるのです。

データ活用大国になるポテンシャルを活かせなかった日本

中国のデータの話をしましたが、実は日本がデータ活用大国になっていたかもしれなかった。そんな話をしておきます。

ＪＲ東日本のSuicaは、２００１年に登場しました。もう20年近くも前のことです。もし、Suicaがインターネットにつながり、そのデータを活用してさまざまな実験をしていたら、日本は世界に冠たるデータ先進国になっていたと思います。

しかし、国営に近い企業がイノベーションを起こしてしまったときのジレンマ、といえるかもしれません。下手なことをすると、公共性の高い企業であるがゆえに叩かれる可能性があり、そのリスクを取るメリットもなかったのだと思います。

今になってＱＲコード決済大手のPayPay（ペイペイ）が、２００億円還元キャンペーンなどというものをやっていますが、あれには理由があるのです。広告閲覧につながるからです。

一般的な広告は、ランダムに消費者にやってきます。本当はチョコ好きな人なのに、マシュマロの広告が行ってしまうかもしれない。それは、その消費者がどんな嗜好を持っているか、わからないから仕方がないところがあるわけです。

ところが、個人の嗜好がわかる買い物情報が入ったらどうなるか。コンビニでチョコを買えば、チョコ好きだということがわかる。そうすると、マシュマロではなく、チョコの広告が有効だということになります。

インターネットのバナー広告は、クリックされることによって収入が得られます。クリックされる率は100人に1人いるかいないかの数%程度（1%としましょう）です。しかし、1%が1・5%になっただけで、広告単価が同じだとすると単純に300億円の売り上げは450億円の売り上げになる可能性が出てくるわけです。だったら、広告費を払ってもいい、ということになる。メディア側は高い広告費を設定できるのです。

きちんと回収できる見込みがあるのであれば、200億円還元キャンペーンをやっても、まったく問題はない、というわけです。広告収入として後で回収できてしまえるからです。

もったいないのは、20年も前にこれをSuicaでやろうと思えばできたことです。しかも交通系ですから、場所に紐付けられる。A駅で降りて、B駅で乗り換えた人は、チョコを3倍買う、というデータが出れば、データが紐付いたスマートフォンなどにチョコの広告を打てばいいのか、明快です。世界に例のない壮大な実験ができるかもしれなかった。

しかし、おそらく個人情報の扱いに対する世間の理解が進んでいないという問題があったのだと思います。実際に、後にマーケティングデータとして使おうとして、炎上してしまったことがありました。個人情報を使うとは何事だ、とんでもない話だ、と。

そのとき、データというのはひとつのコミュニケーションで、個人は特定しません、しかも使ってもらえたら5％オフにします、という条件を出していたら、どうなっていたでしょうか。

有名人でもなければ、匿名の状態で何駅で何を買ったというデータなど誰も気にしませんし、有名人でも特定は難しい処理にできるでしょう。1％のポイントでも多くの人が集める、世界でも稀なポイント大国である日本においては5％オフという条件ならば多くの人が使ったかもしれません。

実際、無料メールサービスではデータは人工知能に読まれて、特定されないかたちで広告には使われているということは平気なのにです（もちろん、十分な利便性と信頼が前提条件です）。

しかし、当時は5％オフでデータを活用するという発想ができなかった。

私がよく言う例えですが、データを得ることは「おもてなし」につながるのです。データがなくてわからないから、あてずっぽうに興味の持たれない広告を出してしまう。その人のことをわかっていたら、興味関心のあるものを出してもらえるのです。

それだけ、お互いに無駄が減る。初めまして、という人のことは何もわかりませんが、「あ、京都出身ですか」ということになれば、「おこしやす」とお迎えができるわけです。本来、日本はおもてなしが得意な国のはずです。Suicaは、その基盤になれる潜在力を20年前に持って生まれていました。

そしてSuicaよりも前の1994年に開発された自動車部品メーカー大手のデンソーのQRコードも、自動車部品以外のビジネスを考える人や自由度を持つ人が経営陣にいなかったのでしょうか。なぜ、こんな素晴らしいものを無償で世に送り出してしまったのか。特許を開放してしまったのか。結局、中国に持っていかれて、決済の主役として使われることになってしまった。

ウィーチャットペイのQRコードは、もともとデンソーが開発したものなのです。バーコードと違って、たくさんの情報量をすばやく読み取れる画期的なコードでした。これを社内の管理だけに使うのはもったいない、と考えたところまではよかったのですが。しかし、なぜ収益化できるビジネスモデルを日本で構築できなかったのか。

1994年当時はまさか自動車会社がオンライン決済に関わるなんてという見方が強かったのだと思います。それが25年後に、トヨタが車のCASE（Connected, Automated, Shared,

Electronic：接続、自動運転、シェアリング、電動の略語）化や2000人規模のスマートシティ開発に取り組むことになり、決済も含む全方位のサービスを模索しなければならない状態にあります。時代の変遷を感じざるを得ません。

また、電動でいうと、先述の吉野氏が2019年にノーベル賞を受賞した、安全で劣化しにくいリチウムイオン二次電池もそうでした。もう40年近く前の1981年にすでにきっかけは考えついており、83年には原型はできていたのですが、商用化は90年代までかかりました。ノートパソコンや携帯電話など幅広い製品で使われたのですが、それを大きく凌ぐ巨大市場が電気自動車に使うバッテリーです。

このバッテリーはパナソニックが最初はテスラとの合弁会社で作る予定だったのですが、中国がより安価に生産できるとのことや生産ペースの期待値の違いもあり、想定したよりも合弁事業はうまくいっている状態ではありません。また、単に部品として提供するには利益率には限界があり、最終製品を作るテスラに利益をもっていかれてしまうことで、結局は日本への利益は相対的に少ないままです。

テスラはソーラーパネルを併用した家庭用蓄電池の分野でも電池事業に力を入れていることもあり、他のバッテリー開発会社、マックスウェルを買収し、自社の電池開発に軸足を移そうとしています。

日本は１９８１年の革新的なアイデアから利益を十分に回収できないまま40年が経ち、次の世代のバッテリーに時代は移ろうとしています。

日本は惜しいことをしています。実はイノベーションがたくさん起きている。いいものがたくさんあったのに、そのビジネスへの活用の仕方の探索が少なすぎて、もったいないことをしているのです。

Perspective of venture capitalist in Silicon Valley

第3章

今、どのような技術、ベンチャーに注目しているか

サブスクリプション：その最大の魅力が日本では理解されていない

本章では、私が今、注目している技術やサービス、ベンチャーの動向とそれが何をもたらすのか、世の中がどう変わる可能性があるのか、述べていきます。まずは、サブスクリプション（定額制）です。

アップルと時価総額世界一を競っているマイクロソフト。スマホ時代に乗り遅れた会社が、ここまでの評価を受けるようになった最大の理由は、サブスクリプションモデル、いわゆるサブスクを取り入れたことです。

ただ、先にも書いたように、5万円のソフトウェアを例えば月々1000円の支払いで使えるようにしてしまうと、年間1万2000円にしかなりません。単年度会計では売り上げも利益も大きく落とし、経営的にはネガティブな印象に思えます。しかし、違うのです。

実はマイクロソフトの前に、大々的にサブスクを取り入れ投資家から高評価を得ていた会社があります。写真の編集ソフトのフォトショップや文書ソフトウェアのアクロバットリーダーを開発しているアドビです。マイクロソフトと同じくデスクトップ向けの高価なソフトウェアの売り切りのビジネスモデルからの脱却に難航していたところで、サブスクリプションモデルに切り替えることや、クラウドサービスの拡大、ＡＩ（人工知能）の導入により、株価は一時約20倍まで上昇する復活を成し遂げました。

この決断をしていたのが２００５年にアドビの社長に就任したシャンタヌ・ナラヤンＣＥＯです。彼とマイクロソフトの社長のサティア・ナデラＣＥＯはインドのハイデラバード公立学校の同窓生で、同じテクノロジー業界の中では親しい仲でした。そのアドビの成功例がインドの絆を介してマイクロソフトにもよい影響を与えていたわけです。

（余談ですが、２０２０年時点ではマスターカードの社長や、ノキア、ＩＢＭ、グーグルの社長もインド系であり、テクノロジーに関わる業界でのインドの属人的なネットワークは拡大傾向にあります。

中国は華僑ネットワークが強いですが、米中が２０２０年現在、貿易戦争状態にあることから、米国関連会社の社長に中国人がなることは少ないですが、日本は海外間での日本人ネットワークは弱く、かつグローバルのテクノロジー関連会社の本社社長になる例はほとんどありません。

テクノロジーは国境や業界を超えやすい時代だからこそ、国境、業界を超えた良質な属人的なネットワークが強力な武器になります。２０１８年から２０１９年末に起こったカルロス・ゴーン氏の日本での逮捕からレバノンへの逃亡事件の海外報道もあったことで、日本で日本企業の社長をやろうとする競争力の高い経営者も少なくなっています。日本企業ではあるが、本社はアメリカやシンガポールに移転するなど、何か新しいかたちが必要なのかもしれません。）

マイクロソフトの場合も、サブスクに変わったところで評価がポジティブに変わりました。これはどういうことなのか少し説明します。

日本では、その本質がなかなか語られていないのですが、ポイントはソフトウェアという事業にあります。昔ながらのジムの会員権のようなものとはまったく違うのです。ソフトウェアの場合、サブスクにすると利用者が一人増えることの原価はほぼゼロだということです。サブスクにすることで、追加費用がかからないということなのです。

しかし、サブスクではなかった過去のモデルでは、バージョンが変わるたびに大々的に大きな広告を打ち、PRをし、イベントをしてユーザーを集めなければなりませんでした。

実際、Microsoft Office にしても、3年に一度、バージョンアップをしていたわけです。そのたびに巨額のマーケティング費用、キャンペーン費用が必要になっていました。

ところが、サブスクの場合は何年に一度のバージョンアップなどというものはありません。更新したいものがあれば、すぐにでも更新してしまえばいいのです。それはそのまま、ユーザーの更新、便利な更新になります。

つまりは、バージョンアップによるキャンペーンや流通の巨額のコストがまったく不要になった、ということなのです。とんでもないコスト削減が可能になった。追加する原価がゼロ、というソフトウェアの特質をまさに活かせるようになったのです。

しかも、サービスを提供し、使ってもらっている内容はクラウドでつながっていますから、ユーザーからのフィードバックはすぐにわかります。こういう機能をよく使っている、こういうところはあまり使われない、こういうところに満足していないようだ、といったデータがどんどん入ってくる。

それを受けて、すぐに改善ができるわけです。次の月には更新してしまえる。バージョンアップ時代のように、3年なんて待たずに、常にユーザーに最新の状態のソフトウェアを提供できるということです。これが顧客満足につながることは言うまでもありません。

ユーザーのデータから毎月でもアップデートできる。宣伝費がいらない。自動更新ですからユーザーを囲い込みやすい……。いいこと尽くめなのです。

一方で、ネットフリックスのような映像コンテンツ、あるいはゲームのプラットフォームは、アクセスし放題、見放題、読み放題、プレーし放題というサブスクのサービスを実現することでロングテールが実現できるようになりました。

もしかすると普通に売っていたのでは売れないものが、楽しんでもらえるようになったのです。普通に定額で出していたら収益が取れないものが、サブスクでパッケージにすることで収益が取れるようになった。隠れた需要の掘り起こしができるようになったのです。

これは、ユーザーにとってもうれしいことですが、コンテンツの作り手にとってもうれしいことです。コンテンツメーカーにとっても、需要を活性化することにつながったのです。

そしてサブスクを提供する側は、徹底的にデータを活用する。先に紹介したように、データを活用することで、ユーザーが最も見たい番組をレコメンドしてくれる。その精度が高ければ高いほど、もうその蓄積されたデータで最適化されたサブスクサービスからはユーザーは抜けられなくなります。

サブスクは単価が高くないだけに一見、なかなか儲けるのは難しいのではないか、投資家からの評価も難しいのではないか、と思えます。しかし、実際には、「座布団ビジネス」なのです。どんどん座布団は積み重なっていく。ユーザーが離脱せず、積み上がっていく。だから、大きな損失を出しにくい。

しかも、買い切りよりも収益予測が立てやすいので、投資家としては安全に投資できる。だから、投資家からも評価されるのです。

残念なことは、大規模なサブスクの成功事例が、ほとんど外資系であることです。これは、一部は日本はソフトウェアが弱かったことにも由来していますが、日本企業にも、サブスクの利点をもっと活かせることができないのだろうか、と感じています。

ものづくりの成功体験に縛られた状態での発想では、「モノのサブスク」という発想に行きがちですが、これは大規模に成功する確率は低いと考えます。顧客が増えるにつれて、提供するモノを用意するコストが比例して増えていくからです。

あくまでも、提供する物は、ソフトウェアやサービスなど、規模が大きくなったとしてもコストは余り増えないものにサブスクリプションは適しています。そして、データをきちんと取得し、サービス向上に活用できることも利点を活かす重要な視点です。

5G：動画とゲームが成長、アップルも動画配信サービスに参入

日本でも、次世代通信規格である5Gは大きな話題になっています。何が変わるのかといえば、速度が数十倍になるということです。遅延が10分の1になる。速くなって、遅延がなくなる。ですが、最も重要なことは、5Gが何をもたらすのか、ということです。

今、鮮明になっているのは、大きく伸びるビジネスはゲームと動画だということです。4

Gでは、実は0・1秒ほどの遅延がありました。これは、格闘ゲームやサッカーゲームなどの対戦ゲームでは、致命的なことでした。しかし、5Gによって遠く離れたところにいる人たちとも、遅延なく気軽に対戦できる。これは大きい利点です。

そしてゲーム業界は、これまでのハードウェアベースから、クラウドベースへのシフトが、ますます進むことになると考えられています。グーグルは、ストリーミングによって、どんなデバイスでも同じゲームが楽しめる「Stadia」というサービスを2019年3月に発表しました。

一方、プレイステーションというハードウェアを持つソニーは、競合するXboxというゲームのハードウェアを持つマイクロソフトと電撃的な戦略的提携に踏み切りました。クラウドベースのゲームを配信するにあたって、クラウド基盤を持っていることが重要になるからです。

ハードウェアの枠組みを越えたソニーとマイクロソフトの提携が意味しているのは、これから重要なことはハードウェアの競争力ではなく、ユーザーにとっていいゲームを作れるかどうか、ということなのだと思います。

今後は、いかにいいゲームを作れるか、いかに有力なゲームクリエイターを引き入れるか、が大きなカギになる。ハードウェアから「消費者が満足する体験」をするためのコンテンツに価値が移行しつつあるということです。同じことが動画にもいえます。

5G時代、他に大きく伸びることになるのが、動画です。今の中学生や高校生は、携帯電話の電波でユーチューブやネットフリックスを見ています。だから、スマホ契約のパケット容量を気にしている人たちは多い。動画は無線LANにつないで見ている、という人も少なくありません。

無線LANよりも速い5Gの時代には、外でもいつでも動画を見られるようになります。音楽を聴いているのと同じように、写真を見るのと同じくらいの頻度で動画を見るようになる。もう無線LANにつながなくてもいいし、容量を気にしなくても見られるようになるのです。

5G時代を見据えて、すでにさまざまな動きが始まっています。5Gで動画を見る機会が増えるだろうと、ウォルト・ディズニーは自社の動画配信サービスに加えて、2019年に動画配信サービス「Hulu（フールー）」を買収しました。

また、驚きのサービスをスタートさせたのが、アップルです。あのアップルが、動画コンテンツを作り始めたのです。アップルTVプラスです。先に、アップルはサービス化に舵を切ったと書きましたが、5G時代に何が起こるのかを見据えた、まさにその表れのひとつです。

しかも、アメリカを驚かせたのは、制作のパートナーとして手を組んだのが、ハリウッドで最も有名な制作者と言ってもいい、スティーブン・スピルバーグ監督だったことです。

アップルが、どれほどこの事業を重要視しているか、ということの表れであると同時に、映画の世界で大きな実績を出したスピルバーグ監督が、インターネット配信作品の世界に踏み出したということも衝撃でした。

アップルの動画配信サービスは、アップルの商品を買えば1年間、無料で見ることができます。アップル製品を買い続ければ、ずっと無料です。魅力的なコンテンツを制作することができれば、アップル製品を買う動機にもつながっていく。アップルユーザーの囲い込みにも、動画は使えるということです。

動画サービスは、もちろんネットフリックスも強力ですし、アマゾンもプライム会員向けに展開しています。ユーチューブもあるし、TikTokもある。まさに大激戦の様相を呈してきます。

先にテレビ業界の未来について触れましたが、今後は、インターネットで主に動画を見られる時代がやってくるのです。これほど強力なコンテンツが映像の世界には入り込んでくるということ。しかも、テレビを当たり前に見る世代はどんどん減っている。膨大なデータをマーケティングにも活用します。極めて熾烈な競争が起こるはずです。

そして、このことが意味しているのは、コンテンツの力が強くなるということです。これからの経営は、何を消費者に届けるのか、そのためにはどのような経路が必要なのかを考え、その中でより上位の概念に注目する必要があります。それは、ここでもソフト領域であり、ハード領域ではないのです。

加えて、処理性能はクラウドが左右します。グーグル、アマゾン、マイクロソフトというクラウド三強は、ここでも大きな競争優位性を手にすることになるはずです。本来であれば、国策でも補助金ででも、クラウド事業を日本で育てるべきだったのかもしれません。

アマゾンのクラウドを含む研究開発への年間投資額は4兆円以上にもなります。トヨタ自動車の投資額の2倍以上にもなる。とても簡単には真似はできません。長期的にビジネスモデルの未来を見る目を持ち、次の時代への投資にいち早く踏み込めなかったことは、こんなところでも大きく響いてきます。

動画の中では、日本もまだ人気コンテンツを持っているところがあります。

自動運転：決め手となるのはソフトウェア、データ力の勝負になる

自動車の自動運転が技術的に可能になるのは、まだまだ先、あくまで未来の話だ、という声がよく聞こえてきます。確かに、そうかもしれません。10年後かもしれないし、20年後かもしれない。しかし、そのときに主役に躍り出るのは、どんな企業でしょうか。準備ができている企業、ではないでしょうか。

その意味でも、テスラは恐ろしい存在だということを知っておく必要があります。テスラの自動運転機能については先にも触れましたが、毎月のように新しい機能が追加されていきます。インターネットには常時つながっていますから、どんどんアップグレードされていく。

ユーザーにとってアップグレードはありがたいですが、これはテスラにとってもメリットが大きいのです。なぜかといえば、自動運転に関わる膨大なデータを手に入れることができるからです。

テスラのすごみは、すでに数百万台の準自動運転機能を持った車が走り、それを実験していることです。その実験データは次々にテスラに入ってきている。そして、テスラが売れれば売れるほど、そのデータは入ってくる。

あらゆる場面のあらゆる状況について、テスラは着実にデータを手に入れているのです。実験場やサーキットのデータではなく、今、世界でここまでの膨大なデータを持っている自動車メーカーが果たしてあるかどうか。

そして本格的に自動運転時代がやってきたとき、精度の高い自動運転技術をユーザーに提供できる会社はどんな会社か。膨大なデータを保有し、それを処理し、データに基づいたニーズに的確に対応できた会社だと思うのです。

自動運転の時代はまだ先だ、などとのんびり構えている場合ではないのです。それは、ハードウェアの時代の発想です。今はソフトウェアの時代なのです。自動運転を司るソフトウェアこそが重要で、車体はどこが作ってもいいのです。

ただし、車体メーカーは世界中にあります。先にも書いたように、車体だけを作っているのでは、中国や東南アジアのメーカーと競わないといけない。買い叩かれても仕方がなくなるのです。

今は、自動運転のデータを取るためだったら、車両の価格を大きく下げて消費者に提供する、くらいのことをしてもいいと私は思っています。もしかすると、テスラがこれをやってくるかもしれません。今は最も安い車が約500万円ですが、新しい車種で200万円、100万円のものを売り出すかもしれない。

そうすることによってテスラが一気に増え、膨大なデータを集めることができたら、一気に他の自動運転を駆逐できるかもしれません。テスラがやらなくても、どこかのＩＴ企業がやるかもしれない。アップルがアップルカードを無料で配ったように。世界市場で戦うためには、そこまでやる可能性があるのです。そして、多くの場合、数年後、世界の市場で蓄えたノウハウを持って日本にも力をつけた状態で乗り込んできます。日本も無関係ではいられないのです。

もしかしたら、アマゾンが車を売り出すかもしれません。２００万円で出すかもしれない。データを手に入れるためなら、そこまでやるかもしれない。追随を許さないパワープレーとしては、大いにあり得ます。今、キャッシュを持っている会社は、こういう大胆なことができる。起こり得るのは、本当に恐ろしい世界なのです。

実際、グーグルも自動運転を研究しています。傘下にウェイモという企業があります。自動運転のソフトウェアの会社です。もともとグーグル社内で開発を押し進めていたものを分社化したのです。その可能性を考えて、のことでしょう。

２０２０年2月にはファンドや車体メーカーや、車販売会社から初の外部資金を調達し、約２５００億円を調達しました。すでにアリゾナ州フェニックスで自動運転タクシーサービスや、米物流大手のＵＰＳと貨物配送テストをしていますが、そろそろ商用化が見えてきています。

テスラを辞めた人材が２０１６年に起業したオーロラも自動運転を研究しています。すでに１０００億円ものお金を集めています。ＧＭ（ゼネラル・モーターズ）も後述するとおりクルーズという自動運転技術のベンチャーを買収、若い人材を迎え入れて研究をし、ホンダ、ソフトバンクからの出資に加え２０２０年１月には新たに２４００億円を投じてハンドルなしの自動運転車「オリジン」をデトロイトの工場で量産すると発表しています。

興味深いのは、テスラは個人の所有するテスラを使っていない時間は自動運転タクシーとして貸し出す機能を２０２０年にもつけると表明していることです。ウェイモとクルーズは個人向けの販売よりは、乗り合いタクシーや貨物配送など、商用としてサービスを開始しようとしているところです。

カギとなるのは、現状の車の稼働時間と、高性能なセンサーを搭載した完全自動運転の場合の車体コストでしょう。現状、自家用車で実際に車が走行している状態なのは１日のうち平均して、数%程度、30分程度しか使っていないことがわかっています。残りの23時間30分は使われていない状態になるのです。

この使っていない時間を自動運転タクシーとして使えば大きな収益チャンスになります。

所有者やテスラにも収入が入ることを考えれば、現状、最低価格500万円程度のテスラ車も半額の250万円以下に抑えて売っても利益を生み出すことは可能になります。

また、テスラよりもさらに多くのセンサーを搭載したウェイモやクルーズの自動運転車は、一つひとつのセンサーが高額であるが故に、最初は5000万円ほどの費用がかかるといわれています。しかし、これも自動運転で、共有サービスとして24時間、充電時以外は稼働してくれることを考えれば十分に利益を生み出すことは可能になります。規模が大きくなれば、センサーも単価が安くなるというメリットがあります。個人所有か、商用として入っていくのか、どちらが正解か、2050年にはその正解が見えているかもしれません。

スマートフォンは、OSをiPhoneのiOSと、グーグルのアンドロイドで世界を二分しました。自動運転もOSの競争になります。今、3、4社のOSがあって、どれが使いやすいか、という勝負がもう始まっています。

おそらく将来は、2社くらいに絞り込まれていくでしょう。日本の自動車メーカーは、どう考えているのか。もともと、自動車自体はアメリカで開発されたものを日本が改良を重ねてよいものを安く製造、販売することで市場を占めてきました。その効率的な生産手法は戦後米国から日本に持ち込まれたものをトヨタ社が改良し、KAIZEN（改善）、KANBAN（看板方式）と、海外が逆に日本に学ぶ対象になるまでに仕上げました。

いわば、ゼロからイチを作ることよりも、イチを10にすることのほうが世界の中では比較的得意だったのです。日本の職人気質な細部へのこだわりや、100点を目指し、そうでなければ減点をするという減点主義の評価の仕方が関係しているのかもしれません。しかし、自動運転でも同じように、あとからよりよいものを安く作ることができるのでしょうか？

ハードウェアのKAIZENは日本は得意でしたが、同じことはソフトウェアでは大きな成功例は出てきていません。先行者利益の大きい分野だからこそ、資源を集中できるのは早期という限られた時期になってしまいます。そのため世界の技術や消費者の動向にはどこよりも敏感になっている必要があり、日本のありがちな細部へのこだわりすぎや減点主義が悪影響を及ぼす可能性があります。

テスラ：充電ステーションを拡充、地下トンネルも掘る

テスラがどんな車なのか、インターネット上にたくさんの情報が載っていますので、ぜひご覧いただきたいと思います。運転台の写真もあります。見たことがない方は驚かれると思

いますが、先にも少し触れたように無駄なものは一切、削ぎ落とされています。計器パネルなどもなく、中央にあるモニターですべてコントロールができるようになっています。走っているときの速度も、ここに表示されます（65ページの写真：テスラの運転台）。

電気自動車はバッテリーが保たない、充電に時間がかかる、という印象を持っている人も多いかもしれません。確かに普通の家庭用の電源で充電すると、普段、通勤や買い物、会食など一日中、日常の範囲で使っている量を充電するには10時間ほど、夕方から朝まで一晩かかります。しかし、テスラはスーパーチャージャーという急速充電ステーションを作っています。

スーパーチャージャーは、全米のあちこちにあります。スーパーの敷地内にあったり、スターバックスが併設されていたりします。スーパーチャージャーなら、30分で半分の充電が可能です。これで250キロほどは、走れてしまうのです。

すでにヨーロッパにもありますし、日本にもあります。高速道路のサービスエリアにもあります。そして、スーパーチャージャーがあることが、テスラを購入する魅力のひとつになっています。このテスラのスーパーチャージャーは他のEVには今のところ使えないようになっているため、乗り換えられにくくなるのです。

テスラの大きな特徴は、こんなふうに大胆な設備投資を行っていることです。インフラについては、国に任せる、地方自治体に任せるという考え方の企業も少なくありませんが、テスラは考えていません。できることは自分たちでやってしまうのです。

その結果として、例えば取付費は無料にして、月額5000円程度のレンタルモデルという利用しやすいかたちにした、通常の電力会社の半額の価格（年間10万円分の電気を月額5000円のレンタルパネルから太陽光発電できるため、4万円ほど年間で安くなる）で発電できるソーラーパネルや、その発電した電気を蓄電する家庭用蓄電池も販売するなどエネルギーの観点からも電気自動車のユーザーを増やしています。

設備投資といえば、とんでもないことをテスラはやろうとしています。都市部は、どうしても渋滞が発生します。自動運転が商用化されたとしてもすぐに渋滞がなくなるわけではありません。そこで、地下にトンネルを掘ることを考えているのです。しかも、トンネルを掘って、そこをただ車が通行するのではありません。

車体を高速移動するプレートに乗せていく。そうすることで、渋滞なしに高速移動ができる仕組みです。勝手に合流して、時速200キロものスピードで移動ができる、というものです。コンセプトビデオがインターネット上にありますので、ぜひ見てみてほしいと思います。とんでもない発想を持っているのです。

創業者のイーロン・マスクの発想のベースには、エネルギー問題があります。いずれエネルギーは枯渇する。そこから人類を救いたい、と。そのために電気自動車を開発するだけでなく、トンネルを掘ってしまおうというのですから、並外れた発想です。

しかも、実際にトンネルを掘る会社、ボーリングカンパニーをすでに設立しています。実はトンネルを掘るだけなら、それほどコストはかからないのだそうです。

電気自動車の大型化にも挑んでいます。アメリカではピックアップトラックが人気ですが、まだ試作段階ながら大きな荷物も載せられるテスラ流のピックアップトラックを発表しました。

車体には、同じくイーロン・マスクが展開している宇宙事業、スペースXの宇宙船「スターシップ」と同じステンレス合金を採用しています。窓も防弾ガラスで、とてつもない耐久性があり傷がつかない、ということだったのですが、その場での実験で鉄球を投げつけるとガラスがひび割れてしまい、イーロン・マスク自身が苦笑するというシーンが全世界に流れることになりました。

日本ではこの映像を見て冷めた声が多かったようです。記者会見の失敗と受け取ったこともあって、こんなよくわからないものは買いたくない、ということだったのだと思います。

ところがアメリカでは、この記者会見後の2日間で約20万台の予約が入りました。たった

2日で、です。日本で一番売れている車は1年間で12万台ほどです。それをゆうに上回る数予約が、たった2日で入ってしまったのです。記者発表で鉄球でガラスがひび割れてしまっても2年後の「発売までに何とかする」という言葉があれば安心するわけです。

これが、アメリカでのイーロン・マスクへの評価です。テスラは、すでに売れに売れているのです。テスラに乗っている人たちは、機能がどんどん追加され、次に何が飛び出してくるかわからないワクワク感をよく知っています。大きな期待感があります。

しかし、それだけではもはやなくなってきています。テスラという会社自身からいったい何が飛び出すかわからない。そんなドキドキ感がある。これもまた、大きな支持を得ている理由なのです。

ブロックチェーン：改ざんが難しい認証の仕組みが多くの領域で普及する

注目の技術といえば、ブロックチェーン（分散型台帳技術）も挙げなければいけないでしょう。ブロックチェーンとは、情報を記録・管理するための技術で、世界のどこからでも過去の記録が正しいかどうかを確認できる仕組みで、「インターネット以来の発明」「第2のインターネット」などとも言われます。

基本的にビットコインの仕組みをブロックチェーンと言います。

ときどき、ビットコインは悪いイメージがあるけれど、ブロックチェーンはいい、という発言が聞こえてくることがありますが、それはおそらく2つの起源がつながっていることを知らない方の発言かと思います。ビットコインが誕生し、それを支える仕組みがブロックチェーンと定義されたという経緯があるからです。

金融が大きな問題を引き起こしたリーマンショックの後、金融の仕組みがこのままでいいはずがない、もっと最適化できるはずだ、という問いかけが、インターネット上で行われました。そこに投稿されたのが、ひとつの論文でした。

その作成者が、サトシ・ナカモトさん。おそらく偽名ですが、この方の論文を世界中の人たちが見て、これは面白いじゃないか、やろう、ということで1年後に完成したのがビットコインでした。

既存の金融の仕組みはビットコインと何が違うのか。わかりやすく、紙の百科事典とネット上の百科事典ともいえるウィキペディアを例にして、私はよく話をしています。

紙の百科事典を過去一年以内に使ったことがあるという人は、かなり少ないと思います。しかし、ウィキペディアを使った人なら多いでしょう。では、どうして紙の百科事典は見ないのに、ウィキペディアを見たのか。

多くの人が、紙の百科事典を信用しているのは、それを発行している出版社であり、編集している編集者を信用しているからです。しかし、その一方でウィキペディアも使っている。ウィキペディアは誰が作っているか利用者のほとんどは知りませんし、誰が編集しているのかも知りません。それでもウィキペディアをみんなが見に行くのは、もし間違いがあっても、誰かが修正して更新してくれると考えているからです。

紙の百科事典のようにはいかないけれど、90％は正しいと考えている人が多い。それは、多くの人の目が入ってきてチェックされ、訂正されるからです。これは、紙の百科事典にはないことです。紙の百科事典は数年に一度、出版社によって改訂されるだけだからです。出版社は訂正する手間やコストを考えて、そうせざるを得ないのです。

となれば、そもそも紙の百科事典がほぼ１００％正しいという価値はどれだけ消費者に重要視されているのか?ということにもなります。すぐに改訂できるという利便性は、紙の百科事典が持っている信頼性よりも価値が高くなる可能性があるということです。

これがまさに、ビットコインの仕組みです。みんなが監視をして堅牢なシステムを作っている。それは、みんなが使っているからできることなのです。いわゆるマイニングという認証作業をすることによって、ビットコインの信頼性は担保されているのです。

新しい取引情報のことをブロックと呼び、過去のこれまでのブロックたちと、マイニングという作業によってチェーンでつないでいく。この仕組みのことをブロックチェーンといいます。取引の帳簿に新しい取引の情報の1ページを加えたような、とてもシンプルな話です。そして、経済学的にも優れている。ある意味、革命的な考え方でした。ブロックチェーンは次のインターネットだ、といわれることがあるのは、そのためです。

しかも、多くの人の手が入って作られている。だから、改ざんは難しい。重要情報を安全に記録できる。実際、卒業証書、ダイヤモンドやワインの産地認証、戸籍謄本などを管理するのに、とても相性がいいので、すでに世界で使われ始めています。

かつて大学の卒業証明は、大学に問い合わせるしかなかった。その手間がかかることで学歴詐称が横行しています。しかし、ブロックチェーンならすぐに認証できます。しかも、世界中どこからでも、簡単に認証できる。

ダイヤモンドが劣悪な環境で子どもたちを働かせて採取されたものだったりしないか。そういうダイヤモンドは買いたくない、という人が世界中にいます。いわゆるブラッド・ダイヤモンドかどうかも、認証できる。ワインも同じです。

ブロックチェーンはウィキペディアと同じですから、いろいろな場所に点在しています。だから、簡単にアクセスできる。日本の戸籍謄本は今、外部からデータにアクセスできないので遠隔地で取得するのは、手間がかかります。しかし、「戸籍謄本をブロックチェーンで管理すれば、世界中からアクセスできるのです。

事実の認証や存在証明に使えるのが、ブロックチェーンです。「長期間のうち、たまにしか使わないが間違ってはいけないもの」が今のところ向いているといえるでしょう。不動産登記も、いずれはブロックチェーンになっていくでしょう。いろいろなものが、ブロックチェーンに置き換わっていく可能性が高いと思います。

ビットコインも仮想通貨という悪意のある翻訳をされていましたが、今は暗号資産という、ちゃんとした翻訳になっています。これから、ブロックチェーンはさまざまな領域で大きく拡大していくと思います。

ビットコインはちょっと不安、貨幣制度の根幹を揺るがす、などという声が世界中でまだ多い中で、ブロックチェーン覇権を虎視眈々と狙っている国があります。中国です。中国の通貨の元には米ドルのような信頼はない。そこでブロックチェーンで世界の第一人者になることを目指しているのです。

暗号資産はいくつも種類がありますが、昔でいうインターネットのブラウザと同じようなものだと考えてください。モザイクやネットスケープなど、いろいろありましたが、改良されたものがたくさんあった。最終的にはインターネットエクスプローラーやグーグルクロームなど、一部のブラウザに落ち着きました。

ビットコインなどの暗号資産は今、3000種類くらいありますが、それは改良テクノロジーで増えていったのです。しかし、いずれは淘汰されていくことになります。その覇権を誰が取るか、というのは重要な問題です。これを各国が狙っています。もちろん中国などテクノロジーで勢いのある国もです。

ビットコインで中国が覇権を取るとどうなるか。世界の共通通貨を中国が発行し、それをコントロールするようなことになりかねない。アメリカは、これを心配しています。今後、どんな流れが起きるか、注意深く見ておく必要があると思います。

AI(人工知能):データ取り放題の中国がアメリカを猛追

中国はアメリカが先頭を走っているAI(人工知能)の領域でも、アメリカを猛追しています。今、この2国が圧倒的に進んでいる。しかし、中国はおそらくこれから、AIのいくつかの領域でアメリカを抜くのではないかと言われています。

ＡＩで重要になるのは、いかに大量のデータを得ることができるか、です。このデータとアルゴリズムの組み合わせこそが、ＡＩの本質なのです。当初は、この掛け合わせにおいてはアメリカがダントツの1位でした。

しかし、中国には大きな特徴があります。それは、一党独裁国家ということもあって、プライバシーに関して極めて感覚が緩いということです。あらゆる領域でデータが取り放題なのです。

一人ひとりが道を歩くルートから買い物の内容、横断歩道を渡るところからポイ捨てまで、一挙手一投足がすべてデータとして取られているといっても過言ではない。データ量が、アメリカの数十倍から100倍にもなるといわれています。

それだけのデータ量があれば、アルゴリズムが整備されることでどんどんアメリカに追いつくことが可能です。そして中国がアメリカを追い抜くのは、時間の問題だと思います。中国は、いろいろなデータを活用してＡＩの研究を加速していくことになるでしょう。

現段階では、人工知能にできることは一般的なデータ解析以外では、基本的に3つしかありません。画像、音声、文章の処理。この3つだけです。

すでに皆が持っているスマートフォンにはすべてＡＩが入っています。iPhone であれば、Ｓｉｒｉがわかりやすいところです。あの音声は、ＡＩがあるからできたのです。そして人の声を文章として認識し、ネット上にある内容を探し出して音声にして発信している。スマートスピーカーもそうです。音声を認識し、ネット上にある文章を読んでいる。今日の天気は晴れ、という天気予報を読み上げているのです。

グーグルフォトは無料で大量の写真データを取り込むことができますが、「空」と写真検索すると空の画像が出てきます。空を画像認識して記憶しているのです。あの空の写真はいつだったかな、などと思い出して探す必要はなくなる、という利便性があります。

ＡＩビジネスというときには、この3つをどう活用するか、ということになります。逆にいうと、あらゆる産業はこの3つに関わりを持っている。つまり、あらゆる産業にＡＩは関わってくる、といってもいいかもしれない、ということです。この業界はＡＩ関係ないから、という業界はない。今、表計算ソフトのエクセルを使っていない企業は少ないと思います。そのくらいのレベルでこれから浸透していきます。

一方で、人間の仕事がＡＩに取って代わられる、というのはちょっと言いすぎです。パソコンが出現したからといって、人々の仕事はなくなりませんでした。昔は農業が主産業でしたが、産業革命が起こり、工業化されたからといって、農業のすべてがなくなったわけではなく、より生産性が高いことに時間を使えるようになりました。それと同じことです。使いこなせればもっと有意義に思えることに時間を使えるようになるのです。

これから人間に求められるのは、ＡＩを正しく使えるようになることです。取って代わられるのではなく、ＡＩを使える側になる必要があります。エクセルも仕事で使えて当たり前の時代になっていますが、それがＡＩになるだけです。ただ、その応用範囲があまりにも広いのです。より差はつきやすくなっているともいえるでしょう。国内の格差にももちろん気を配る必要がありますが、国家間の格差のほうが、後々の国力に大きな影響を及ぼすと思われます。

実はいろいろな分野で人間とＡＩを比較していますが、画像はすでに人の認知を超えています。もう4年ほど前から、画像に対する認知の正解率はＡＩのほうが高い。人間でも95％しか正解できません。5％は間違えるのです。

しかし、ＡＩなら97％、98％の正解率です。音声でも文章でもこれから同じことが起こります。今は文章で人間の正答率が90％台なのに対してＡＩは80％程度です。ただし、だんだん上がってきている。下がることはありません。

グーグル翻訳のレベルがずいぶん上がった、と感じている人も多いかもしれませんが、2015年に機械学習から人工知能に移行したからです。今はディープラーニング（深層学習）で翻訳が行われています。高性能な翻訳サービスでDeepLというものも出てきて、今後ますます、精度は高くなっていくはずです。

信用スコア：情報をうまく使えば、実は正直者が得をする仕組み

プライバシーを気にすることなく、膨大なデータを蓄積している中国は、今やそのデータを個人の信用判断にも使うようになっています。いわゆる「信用スコア」です。

信用スコアは、もともとアメリカで始まりました。ＦＩＣＯスコアと呼ばれていますが、個人の信用情報が流通しているのです。ＦＩＣＯスコアが高ければクレジットカードを作れますが、低ければ作れませんし、家も借りられません。もちろんローンも組めません。

アメリカに一度も暮らしたことがない人は、信用スコアがありませんから、どれだけ日本で有名な企業から米国に転勤になったとしてもかなり厳しい状況から始まります。これは、駐在経験のある人に聞いたことがある人も少なくないかもしれません。笑い話ですが、逆も然りで、日本でも有名な外資系の日本支社長で外国から赴任した際に日本でクレジットカードが作れなかったということもあります。

しかし、アメリカで一度暮らせば、３社の信用情報会社が個人情報を共有していきます。

例えば、クレジットカードを作った後、どうなったか。きちんと支払いをしていれば、スコアは上がっていきます。一方、延滞している、となればスコアは一気に下がります。こうして、細やかにデータベースを更新しているのです。

アメリカでは3社の信用情報会社が独占で信用スコアを作っていますが、これと同等の動きとして始まったのが、中国の芝麻信用（ジーマスコア）です。アメリカでは3社がクローズドな情報を集めていますが、ジーマスコアはよりオープンにデータを収集します。

アリババのアリペイや、オンラインショッピング、レンタル、交友関係など、電子上の一挙一動を監視しているのです。これがとにかく徹底していて、単に購買データを取っているだけではない。「あ、この人は最近やたらお酒を飲んで、ギャンブルにハマっているな」ということがわかると、危ないではないか、と評価され、信用スコアが変わってしまったりする。

中国では、基本的に政府がすべてのデータを握っている、というのは公然の事実でもあるので、冗談のような話ですが、青信号で横断歩道を時間内に渡りきれずにいると、突然、ショートメッセージが携帯電話に届いて、交通上の罰金である数百円をアリペイか、ウィーチャットペイで払えという事態になるのです。それが信用スコア低下につながります。

どうやって個人を特定しているのかといえば、顔認証です。基本的にすべての国民は携帯電話購入の際に顔写真を登録しています。監視カメラが顔認証し、その人の携帯電話番号や身元もすぐにわかるわけです。

ジーマスコアは、究極の信用スコアといえるかもしれません。リアルタイム信用スコアだからです。そして実は日本でも、信用スコアを使ったビジネスがすでにあります。みずほ銀行とソフトバンクが共同出資しているジェイスコアもそのひとつです。信用スコアによって、融資を受ける際の金利が変わってきたりする。

監視カメラを使って顔認証をして、個人を追いかけたりするようなことはありませんが、未来はその方向にあると思っています。広告の話ではありませんが、実はそのほうが個人にとってはプラスとなる人も多いからです。

信用スコアの世界とは、ある意味、正直者がトクをする世界なのです。例えば、私が消費者金融でお金を借りることになったとします。消費者金融業者は、私のことについて何もわからなければ、高い金利をかけるでしょう。

ところが、私自身の個人情報や収入の情報などを消費者金融が信用スコアとして把握していたら、高い金利をかける必要はなくなるかもしれない。貸し倒れリスクが低いと判断されれば、金利も低くてよい、ということです。

プライバシーに触れる、個人情報を捕捉される、行動を把握するなんてケシカラン、というイメージを持つ人も少なくないのですが、本来はデータの管理さえしっかりやれば、正直者がトクをするツールの一つなのです。

逆に、今の日本には信用スコアの仕組みがほとんどありませんから、先ほどの有名外資系企業の日本支社長が日本でクレジットカードを作りたくても、作れない、なんてことが本当に起こるわけです。

せっかくアメリカから、日本法人のトップを務めるよう送り込まれた人物なのに、クレジットカードが作れない。こんなことがあっていいでしょうか。彼も困るし、クレジットカード会社も大きなビジネス機会を失う。まったく不合理なことだと思うのです。

スコアを出す情報を民間が取っていいのか、という話から、国の情報銀行というコンセプトも出てきています。しかし、国がやってもうまくいかないと思います。なぜなら、ビジネスを展開する動機があるのは、あくまで民間だからです。

国が考えるのは、まず情報がどうすれば漏洩しないか、ということでしょう。国がやれば、使い勝手が悪いものになることは、目に見えています。

最も問うべきは、消費者にとっての利益だと思います。Suica の話にせよ、信用スコアにせよ、何らかの理由でうまく情報が使われていないという中で、最も損をしているのは、実は消費者なのです。無駄なコストを払っているのです。

開示することによって、無駄なコストが少なくなる。そんなポジティブ面に目を向けるべきなのです。

人工肉：テクノロジーによる食革命が起きている

注目している技術といえば、食の世界のテクノロジー革命も挙げられます。アメリカである週末、ドライブをしてふと入った郊外のレストランのメニューにこんなものがありました。

「インポッシブル・バーガー」

不可能なバーガーというコンセプト。見慣れない料理でした。しかも、ハンバーガーなのに、ベジタリアンの人でも食べられるマークがついていて、値段も安かった。普通のハンバーガーが25ドルほどのところ、16ドルなのです。

安いし、ベジタリアンにも食べられるハンバーガー。これこそ、アメリカのインポッシブル・フーズが開発した人工肉を使ったハンバーガーでした。実際に食べてみると、一般的な動物性の肉と変わらない味がしました。

しかし、インポッシブル・バーガーは、遺伝子操作をした酵母菌が生み出す、肉独特の風味を出す「ヘム」という物質を混ぜた植物由来の人工肉なのです。大豆を原料に使っているので、健康にもいい。食感を肉のようにしているだけ。肉と錯覚させられるくらいになっているのです。だから、ベジタリアンでもOKだし、安い価格になっている、というわけです。

カリフォルニアは、特にエコかどうかを気にする人がたくさんいます。牛肉を食べるときには、牛を育てる必要がありますし、餌もやらないといけない。このとき、メタンガスがたくさん出ることになります。

インポッシブル・フーズ社によると、このハンバーガーは温暖化ガスの排出量を8分の1に抑制し、栽培に必要な土地面積は家畜を育成する場合の20分の1、水は4分の1で済むとのこと。環境問題に先進的に取り組むカリフォルニア州で人気になるわけです。

また将来、人口が増大したときには、食料が不足する懸念があるわけですが、それを緩和する手段としても注目されています。

こうした食革命は、アメリカではすでに当たり前の光景になっています。2019年5月には、大豆やえんどう豆を原料とした人工肉を提供するビヨンド・ミートが上場しましたが、なんと1兆円近い時価総額になりました。

人工的に食材を作るなど、未来の話のように思えてしまいますが、もう商用化されて現代の生活に入り込んでいます。

野菜も、天候に左右されない野菜づくりが始まっています。太陽の光を浴びて数カ月から1年くらいかけないと作れないという常識も覆されている。人工の光で建物の中や工場の中で野菜ができてしまうのです。

最近はこの領域での創業も増えています。普通に農作物を育てるには広大な土地に温暖な気候が必要ですが、光合成できる光を人工的に作り上げれば食物は育つのです。狭いビルでもフロアを重ねれば農地と同様の環境で育成ができます。

植物工場のアプローチは以前からありましたが、ここにきて精緻な栽培データを収集して収量や品質を改善したことで費用対効果も高まっています。水や土の管理、葉の状態などを常にカメラやセンサーでモニターして、最適な水の供給法や温度調節などに人工知能の技術も応用して最適化できているのです。

最近、ニューヨークで大きな注目を浴びたのは、マンハッタンのど真ん中のビルの中で作られている高級イチゴです。高級レストランなどで使われていますが、遠い農場で作れば、輸送コストがかかる。一番鮮度の高いイチゴを届けたいなら、すぐ隣のビルで作ってしまえばいいじゃないか、という発想です。安くて品質もいい。実はこれ、日本人のベンチャー企業です。UCバークレーへの留学を経た出身者が頑張っています。

ユニークなところでは、ウイスキーを人工的に作るベンチャーがあります。エンドレス・ウエストが作った「グリフ」です。ウイスキーは本来、樽の中で何年もの長い時間をかけて熟成させますが、これを化合物で作ろうというのです。

試飲してみましたが、一般的な消費者からすると、違いはわからないと思います。もちろん高級ウイスキーまではいかないかもしれませんが、インポッシブル・バーガーのようによりバージョンアップして美味しくなっていくはずです。既存のウイスキーメーカーには脅威といえるでしょう。

おそらく既存メーカーは、よりウイスキーの味の違いがわかる人向けに高級品を作るなど、特化を迫られていくでしょう。スイスの高級時計メーカーが、デジタル時計や、アップルウォッチの登場によってそうせざるを得なかったように。

Perspective of venture capitalist in Silicon Valley

第4章

何を判断基準に投資をしているのか

投資家は常に未来の利益を見ている

シリコンバレーのベンチャーキャピタリスト（投資家）は、投資をするときに何を見ているのか。ひとつ間違いなくいえることは、数字などのファクトだけを見ているわけではない、ということです。

数字のファクトで突き詰めるとこうなる、という論理で物事を見ていく職業の方々が多くいらっしゃいます。もしかすると、コンサルタントもそうかもしれません。では、コンサルタントの方々や投資アナリストの方々が、ベンチャー投資がうまいのかというと、必ずしもそういうわけではない、という現実があります。

まず、ベンチャーキャピタルが見ているのは、10年後、20年後の未来だということです。しかも、そのときにただニッチに使われているサービスでは意味がありません。10年後、みんなが使っているような、大きく市場が広がるサービスを世の中に送り出す支援をしたいのです。

実際10年前に、ウーバー（Uber）やリフト（Lyft）のような会社に投資をしていた人たちがいたわけです。そのポテンシャルを見分けるにはファクトを突き詰めるだけではなく、そもそも今どうしてこうなっていないか、それは近い将来に起こり得るのかを洞察する力が問われます。

そのためには、いろいろな業種についての知識が必要ですし、それを複合的に見る複眼的な思考が必要になりますし、さらにいえば、いろいろなものを捉える感性が求められます。

経営力を見ていくときにも、企業の損益計算書（P／L）やバランスシート（B／S）を見ることができるのは大切なスキルになりますが、会計の利益を見るのはバックミラーを見ることです。これは大企業を分析するのには優れたツールですが、特に、創業期のベンチャーは売り上げさえも十分に出ていないことが多いので、そもそもバックミラーさえもない状態です。

ファイナンスというのは未来、フロントガラスを見ることであり、将来はどうなるかわからない。資金を株式発行で調達するのか、債券から調達するのか、将来のキャッシュフロー予測があって、それを現在価値に置き換えたものが時価総額になる。その意味では常に未来しか見ていないわけです。バックミラーは参考にする程度なのです。

そして、それ以上に「この創業者は本当にビジネスを大きくできるか（スケールできるか）」「この人は苦しいときに耐え抜き、軸足は残して方向を変えて違う戦略を出せるか」というところを見抜けなければいけません。何より緊張感を持って、シビアに見抜けないといけない。

未来についてコメントしている方々はたくさんいらっしゃいますが、ベンチャーキャピタリストが違うのは、そこにコミットしてリスクを取っていることです。

もし投資に失敗したら、自分にダメージが来るのです。そこが、ただ未来を予測しているだけの評論家、コンサルタントやアナリストとの違いです。それだけ真剣に、いろいろな要素を見ていかないといけないということです。

アーリーステージ投資はリスクが大きいからリターンも大きい

私もそうですが、特にアーリーステージに投資をするベンチャーキャピタリストは、成功時のリターンも高いだけに、より難易度が高まります。会社を設立する前、設立したばかり、といったタイミングでの投資になりますから、極めてリスクが高いのです。

会社がスタートして、少し軌道に乗り始め、メディアなどからの取材が始まったりしたタイミングなら、リスクはぐっと小さくなっているでしょう。実際、このタイミングでもベンチャー企業は資金を求めていますから、投資できるケースもあります。

しかし、リスクとリターンは逆相関関係があります。高いリスクを取るからこそ、高いリターンが得られるわけです。すでにリスクが小さくなったレイターステージという拡大期のところで投資をしても、大きなリターンを得ることはできません。

先にも書いたように、1000万円の投資が10億～100億円になることもあるのが、アーリーステージでの投資です。時価総額が小さなタイミングで成功するベンチャーに投資をすることができれば100倍のリターンというのは、珍しいものではありません（8年間の上昇率にすると毎年の利率は80％程度です。逆に、投資時の時価総額が高すぎて、8年後の上場や、売却時を例えば500億円と想定して計算してみても年間80％以上のものが見込めない時価総額ならば投資をあきらめるケースもあります）。

逆に、ある程度、時価総額が大きくなったところで、1000万円、2000万円と投資をしたところで、大きなリターンにはなりません。資金需要はレイターステージという成熟した後のほうが金額的には大きいので、投資のチャンスはよく出てきます。しかし、投資家はすでに50人以上いたりするので、ベンチャーと密にコミュニケーションをとったり連携したりすることは難しくなります。

初期に大きなリスクを取るからこそ、大きなリターンは得られるわけです。もちろん、確約されているわけではありませんから、投資したお金がゼロになってしまうこともあるわけですが。

そしてアーリーステージの投資は、基本的にオープンに情報が流れてくるわけではありません。どこどこで誰が今度事業を始める、という話は、ほんの一部の人にしか流通しないのです。後に詳しく書きますが、コミュニティで流通するのです。

このコミュニティに加わっていなければ、いくらシリコンバレーに来たところで情報を得ることはできません。コミュニティの中では、頻繁にBBQ（バーベキュー）などカジュアルな集まりが開かれていますが、そういうところで何気なく話をしているときに、さらりと話が出てきたりするのです。

シリコンバレーのベンチャーキャピタルは、こうしたコミュニティの中で情報を集めているのです。

最終的に判断するのは人物と熱意

投資をするのが仕事だといっても、「どこかいい投資先はないですか」と名刺を配って歩く、などということはありません。先ほどのコミュニティもそうですが、何かしらの機会で知り合って、縁があれば投資をする、というのが基本です。

お互いのことをよく知らないのに、投資をさせてくれ、というのは、実は投資を受ける側にとっても危ないことだ、という認識があります。だからこそ、コミュニティなのです。コミュニティのネットワークの中で、「実は起業をしたいと考えているのだが」という相談を受けたり、友人から「知り合いに起業をする人がいる」と紹介を受けたりすることがほとんどです。

それでも、すぐに投資が決まるとは限りません。お互いにＳＮＳなどでつながって、その人の価値はどんなものなのか、ということをきちんと理解した上で投資をすることが少なくありません。フェイスブック（Facebook）などＳＮＳへの投稿を見るだけでも、その人のパーソナリティというのは、よく見えてくるものです。

ＡＩ（人工知能）、ブロックチェーン（分散型台帳技術）、生活関連、教育関連、食、など、さまざまな案件に投資があり、場所も日本だけでなく、世界中に機会はあります。

海外の成長市場で、儲けられるのであれば、どんなものでも投資をする、というよりは、よいベンチャーを日本につなげて応援したり、日本から海外へ出ていく可能性のあるベンチャーを支援して、長期的な日本の成長の力になりたい、という気持ちが強いです。

私は日本にもときどき出張をしますが、シリコンバレーでも日本でも、ほとんどの時間は人に会うことに費やしています。基本的には、人に会うのが仕事だと考えています。

ネット全盛で、ネット上にいろいろな情報がありますが、実際、質の高い情報はほとんどネットにはありません。例えば、友人のことでインターネットに載っている情報などごく一部ではないでしょうか？　ネットに出ている時点でそれはコモディティ化しつつあります。人に会うのはネットには出てこない情報のほうが重要なためです。

ブレックファストミーティング、ランチミーティング、ディナーミーティングもあります。起業家と面談もしますし、さまざまな分野の専門家と会ったり、テクノロジーについてのヒアリングをしたりもします。

次の投資につなげるためのミーティングもあれば、すでに投資している先のフォローアップもあります。投資している起業家がやってきて相談を受けることも少なくありません。テニスでいう壁打ち相手、ディスカッションパートナーを務めるのです。起業家は悩みの連続ですが、社内で言えない内容を一人で考えるよりも壁打ち相手がいたほうが頭の整理になることが多いのです。

これはスポーツ選手でいうコーチングに近いかもしれません。シリコンバレーで有名なのはアップルやグーグルなど数多くのテクノロジー企業のコーチングを行ったビル・キャンベル氏がいます（『1兆ドルコーチ』［エリック・シュミット他の著書、櫻井祐子訳：ダイヤモンド社］があります)。

もともとコロンビア大学のフットボールチームのコーチで、起業家のチームを率いる素質を伸ばすということで伝説的な人物でした。惜しくも亡くなってしまいましたが、生前、とあるイベントでお会いしたときには非常に愛情溢れた方だという印象を持ちました。

また、投資家向けにシリコンバレーの特徴や協業の仕方などをプレゼンテーションする機会もあります。

投資をするにあたっては、もちろんビジネスやテクノロジーも重要ですが、最終的には、起業家その人を見ることが最も重要になります。コミュニティや知人、友人からの紹介ということで、一応の信用はあるわけですが、その上でどういう人物なのかを自分なりに理解するのです。

私がシンプルに意識しているのは、10年先もこの人は同じことをしているか、ということです。今は起業がブームでもあります。かっこいいからやっている、という人もいないわけではありません。自分を試したいから、という人もいます。

有名な学校を出て、有名な会社や金融機関で働くのもいいけれど、もっとチャレンジがしたいから、ということを起業の動機に挙げる人もいますが、私個人としてはあまり惹かれません。起業以上にチャレンジしたいことが出てきたら、きっとそっちに行く可能性が大きいのです。

この事業をどうしてもやりたい、この事業をやらないと自分は生きた意味がない。そんな風に思えるほどのパッションがあるかどうか。何時間でもそのビジネスについて延々と語り続けられるくらいの熱意があるか、そのロジックや筋は通っているかということは最も見ているところです。

そういう人の起業では何が起こるのかというと、自然にまわりの人たちが応援するのです。その人の能力に足りないところが多少あったとしても、この人をサポートしていこう、という人が次々に出てくる。

どんなに優れた能力がある人でも、完璧な人はいません。大事なことは、その人の能力の高さ以上に、他の人のいろいろな能力を借りてくることができる力です。これこそが、起業後の成否を大きく分けていきます。

優秀でも、プライドが高すぎる人は多くいます。そうすると、「すいません、てへへ」、といった、かわいげのあるアクションができないケースが少なくありません。自分が間違っているはずがない、とばかりにそのまま間違った方向に突入してしまう人がいる。これでは軌道修正ができず成長機会を逃してしまうことになりかねないのです。

ピボットできる柔軟性があるか

起業家として重要な資質に柔軟性があると私は考えています。企業というものは未来へと一直線に進んでいくものではないのです。だいたいカーブが待ち構えている。だから、どこかで何度も曲がらないといけなくなる。

ベンチャーの世界でよく使われる言葉でいえば、ピボットです。先述した、バスケットボールで、軸足を動かさずに方向を転換することを意味するピボットです。ここで大事なのは何を軸足とするかです。何でもすべて変えてしまっては単に方向性を失ってしまい混乱するだけです。そしてこのピボットをしなければならないタイミングが、往々にしてやってくるものなのです。例えば3年間、赤字を出してしまった。さあ、どうするか。

このときプライドの高すぎる人は、自分の正しさを信じることに拘りすぎ、周囲の意見を受け入れることが難しいことがあります。愛嬌のある人は、苦しい状況であっても、人間関係を壊さずに周囲に教えを請うことができる。もっといえば、自分より賢い人を雇うことができるのです。

特に私が手がけているのはアーリーステージの投資が中心ですから、初期のビジネスプランが数年後にどうなっているかは、わかりません。3年後には、ビジネスモデルが変わっているかもしれない。

それでも成功できるかどうかは、起業家その人にかかっているのです。起業に対する意識や思い、苦労の連続でもへこたれない人、自分より優秀な人を認めて彼らに仲間になってもらえる人。それがビジネスを大きくできるか、スケールできるかどうかを大きく左右します。

フェイスブックへの投稿にはかなりその人の価値観が出る、と書きましたが、有名起業家、投資家と一緒に撮った写真ばかりアップしているようだと、かなり心配です。有名人と会ったり、写真を撮ったりするのはかまわないのですが。しかし、その写真を過度にアピールしていること自体、仕事に直結したPRの内容でなければ単に虚栄心がモチベーションになっている可能性があると受け止められるからです。

もっといえば、有名な人と一緒にいるところを自慢しているのは、その人自身に価値がないから、自信がないから、と思われる可能性があります。すがるような気持ちでブランドを借りようとしているのか、と思われかねない。

自分のことが好きすぎる人はごく一部大成功する人もいれば、危うい人も多くいます。大事なのは、事業です。メディアでのインタビューなどで話す建前はともかくとして、自分が目立つための手段として起業をやっていたりするなら、これは続かないことが多いです。しかし、実際にはこういう人が意外と少なくないのです。だから、そういうところはシビアに見分けることになります。

16歳、高校生で起業し、最年少で＊＊をして有名になる。そんな人がときどきいます。でも、大成しないことが少なくありません。なぜなら、3年後に今度は15歳の高校生起業家が出てくる可能性が十分にあるからです。大事なことは、将来の自分にも続く何を価値にするか、です。

何をやりたいのか。世界をどう変えたいのか。その手段が、たまたま起業だった、といえるか。どうして世界はこうなっていないのか、と強い思いを持っているか。それが動機になっているか。

お金持ちになることを目的にする人はわかりやすく、情熱があるように見えるのですが、お金持ちになった瞬間に熱意が冷めてしまう可能性があるのです。

実際、5億円あれば、毎年2％の利回りで年収1000万円になります。働かなくても、食べていける。だから、5億円以上持ったときに、それでも働きたいか。問題意識を持って働けるか、それが大事になります。

孫正義さん、柳井正さんなど、有名起業家たちは、どんなにお金があっても、誰よりも猛烈に働いているのです。一方で、予期せぬお金を手にして、毎晩のように銀座で飲んで、破産してしまう人もいます。とんでもないお金持ちの家に生まれても、謙虚に社会の課題を追いかけている人もいます。

もちろん先にも書いたように、アーリーステージでは投資すること自体が難しい。お金の調達には困っていないケースも多い。誰から投資してもらうか、を吟味しているケースも少なくありません。

ですから相手についてもシビアに見ますが、私自身もシビアに見られています。最終的には、相性ということになります。人間性、考え方、思考。そういうものが合う人に投資することになります。

年齢というのも、大きい要素だと思います。私は30代ですが、シリコンバレーのベンチャーキャピタルの中では年齢は若いほうだと思います。この若さもひとつの武器です。30代の起業家の言っていることは、だいたいわかるからです。これが50代、60代になってくると、そうはいかなくなってきます。投資案件が40代、50代の方がより相性がよくなっていくのでしょう。

実際、シリコンバレーの平均的な成功する起業家は、メディアでよく目立つ20代ではなく、大企業やベンチャーを経たベテランの30代後半から40代中盤と言われています。

「会う」のは等価で情報交換できる人

ベンチャーキャピタルは人に会うのが仕事、と書きましたが、人に会う上で、お付き合いを続けていく上で意識していることがあります。それは、お互いのメリットを等価にすること。お互い等しい損得で情報をきちんと出せるかどうかです。

そのバランスが崩れてしまうと、どちらかが会おうとしなくなる。あの人に会ったら、また何か新しい情報や洞察、紹介が入るとお互いに思うから会うのであって、そうでなければ会いません。そして、会う前にはそれだけの準備をこちらもしないといけない。相手の時間を無駄にしてはいけない、そう考えながら、人には会っています。

価値は情報そのものにだけあるわけではありません。ニュース自体はいずれ耳に入ってきますし、みんな知ることになる。その上で、それをどう解釈するか、自分の見解を語れるか、ということです。

このファクトに対して、自分はどう思うか。あなたはどう思うか。それをお互いに語ることで、お互いのインサイトという価値を感じ合うことができるのだと思っています。

よい情報を得るには、やはり大事なことは信頼できる身近な人をどれだけ持っているか、ということに尽きると思います。信頼できることに加えて、親しみやすい相手であることが、重要です。気軽にチャットができるか。

信頼があり、身近であり、知識を持っている。情報の流通は、この掛け算で回り始めます。逆にいえば、自分にはどこが足りていないのか、ということは常々、考えます。

例えば、アメリカ人にとっては、日本で何が起こっているか、というのはまったく知らないことが多いのです。私は日本人ですし、日本にもアンテナを張っていますから、そこに関しては知識量が多い。

信頼というところでは、ハーバード出身であったり、グーグルでの経験があったり、というキーワードがあてはまります。

さらに身近というところでは、メッセンジャーは（返信できるかどうかは別として）だいたいオンになっていますし、フェイスブック、リンクトインなどSNSには近況や見ている人が役立ちそうなことを投稿します。

3つの掛け合わせでよい情報を提供できる立場にいれば、相手からもよい情報が入ってくるようになるのです。実際のところ、私の強みである日本の情報には、シリコンバレーの人たちは、ほとんど関心がありません。ここでバリューをつけるのは難しい。

しかし、そんな中でもシリコンバレーが注目するような話をきちんとキャッチアップしておく。例えば、世界最大の自動車メーカー、トヨタが自動運転に関してはどんな動きをしているのか。そして、ベンチャーキャピタルの歴史に大きな影響を与えたソフトバンクのビジョンファンドが新規投資でどこに投資をしたのかなど、シリコンバレーの人たちの関心は高いです。だから、しっかり押さえておく。

仕事柄、会ってほしいという依頼を受けた際、直接、メッセンジャーで連絡を受けることがあり、大変ありがたいのですが、基本的には共通の知人を通しての紹介をお願いしています。興味本位ではなく、本当に会いたいと思うのであれば、なんとかして共通の友人をたどってくるはずだからです。共通の友人がある意味で、よい仲介役になってくれます。よいと思った人なら紹介してくれますし、単にノリがよいだけの人であれば、そのことを言ってくれます。

個人的には、人と話をするのは好きなほうなので、いろいろな人とお会いしたいのですが、そのすべての人と会っていたら、時間が足りません。面談をするのであればお互いのプラスにできればと工夫をしています。

逆に、私が仕事上、誰かに会いたいと考えたときには、まずは相手がどういう人なのか、私の信頼のおける人に確認をして、失礼のないかたちで紹介をお願いします。特にその分野の第一人者に連絡をする。どんな方ですかということを確認する。

業界を一つ越えたら、仕事の質はメディアに出ている情報でしか判断ができなくなってしまうからです。これは危険ですから、必ず業界の人に話を聞きます。

さらにテクノロジーに関わる場合には、ビジネス領域とアカデミック領域の二重のチェックをすることもあります。両方、わかっていないと正しい判断ができないことがあるからです。

私は、「好奇心旺盛ですね」と言われることがあるくらい、アメリカでも日本でも、いろいろな会合、勉強会に顔を出します。それは、自分よりも賢い人がどんなトピックを議論しているかを知るだけでも学びになり、普段の仕事だけでは会えない異業界のよい人たちとのつながりが得られるからです。

よい人に会うためにも、人とのつながりを広げていくことは大切なのです。

流行り言葉に流されずに技術のマップを見る

投資するにあたっては、もちろん事業、ビジネスモデルを見るわけですが、私が大事にしているのは、技術、テクノロジーのマップ、俯瞰図です（図表4－1）。そこから、10年先がどうなっているのかを、具体的にイメージする（図表4－2）。

やってはいけないのは、流行り言葉に乗せられて、やれブロックチェーンだ、やれ5Gだ、

図表4-1　テクノロジーの俯瞰図
（現在と将来の仮説が必要）

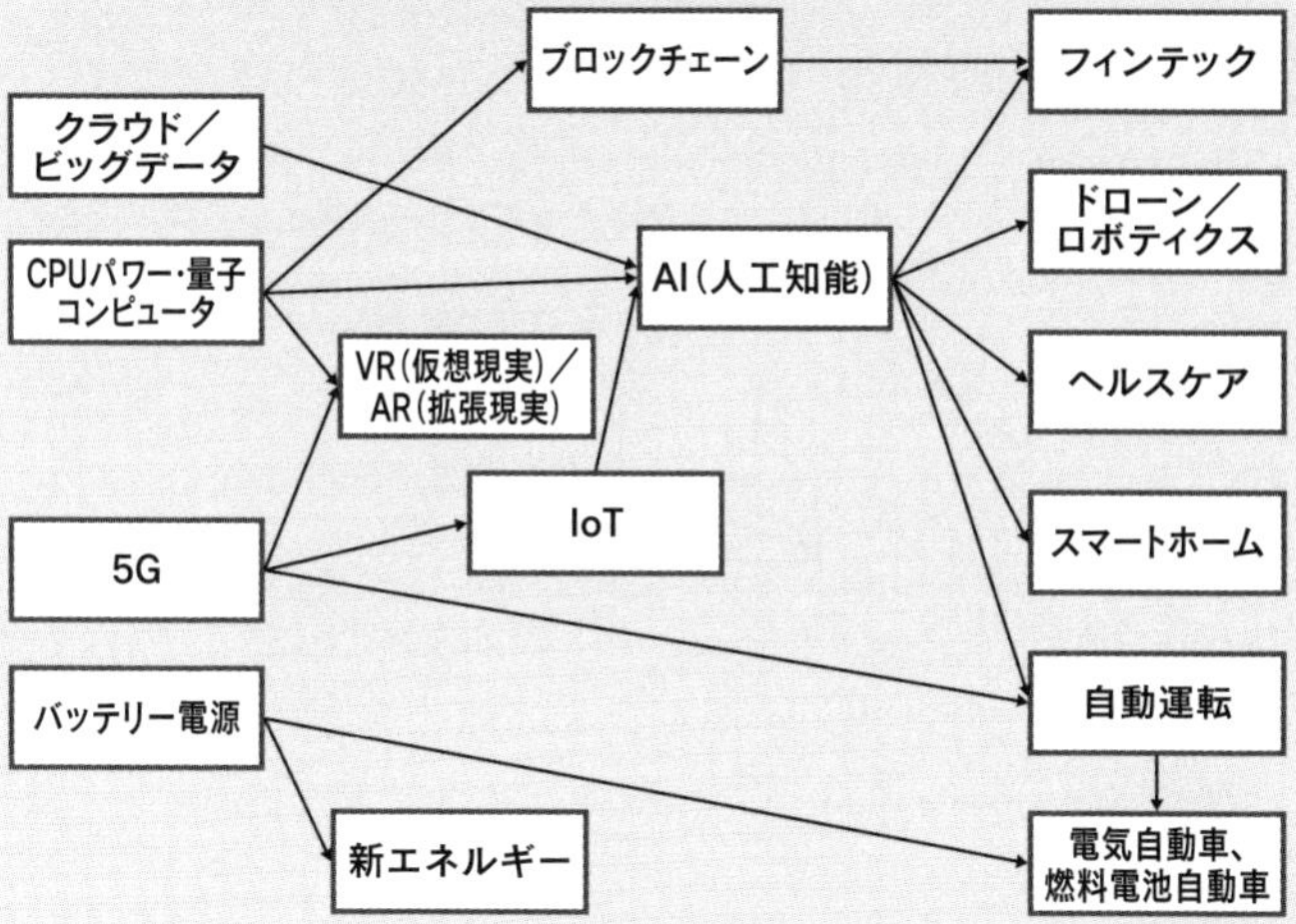

やれＡＩだ、と一つのテーマに絞り込んで考えてしまうことです。

実際の世界では、ブロックチェーンも５ＧもＡＩも、複合的に動いています。おぼろげながらでもいいので、すべてについて「つまりはこういうことだね」と理解し、判断をしないといけません。

キーワードは、ときどきにおいて、さまざまに出てきます。フィンテックもサブスクリプションもフリーミアムも。大事なのは、その掛け合わせを想像することです。自動運転、ストリーミングのゲームもある。いろいろな分野を見て、どことどこが重なり合いそうか、

のビジネス

ビジネスモデル 〉 **最新のビジネス**

×

ビジネスモデル
BtoC（消費者向け）
- ・売り切り
- ・サブスクリプション
- ・手数料
- ・フリーミアム
  - ・（広告、一部有料）

BtoB（法人向け）
- ・ライセンス
- ・売り切り
- ・手数料
  - −一定額
  - −成果報酬
- ・サブスクリプション

＝

最新のテクノロジー活用ビジネス
BtoC
- ・自動運転タクシー
- ・動画ストリーミング
- ・クラウドゲーミング
- ・自動音声・視覚応答システム
- ・スマートシティ
- ・利益度外視のハードウェア販売
- ・手数料無しの金融サービス

等

BtoB
- ・ドローン自動撮影・解析
- ・医療の画像診断
- ・SaaS（会計、人事等社内システム）
- ・従業員管理サービス

等

どこが利益を大きくしそうか、考えてみる。

　そのためにも、いろいろな業界を見ておくことが大事です。複合的な目で、幅広い業界で何が起こりそうかを考えていく。

　注意しないといけないのは、儲かりそうに思えても、そこでベンチャーが儲けられるとは限らないということです。例えば、大手が資本にものを言わせて一瞬で入ってきて、駆逐されてしまうようなマーケットもあります。

図表4-2　テクノロジーの関係図×ビジネスモデル=最新

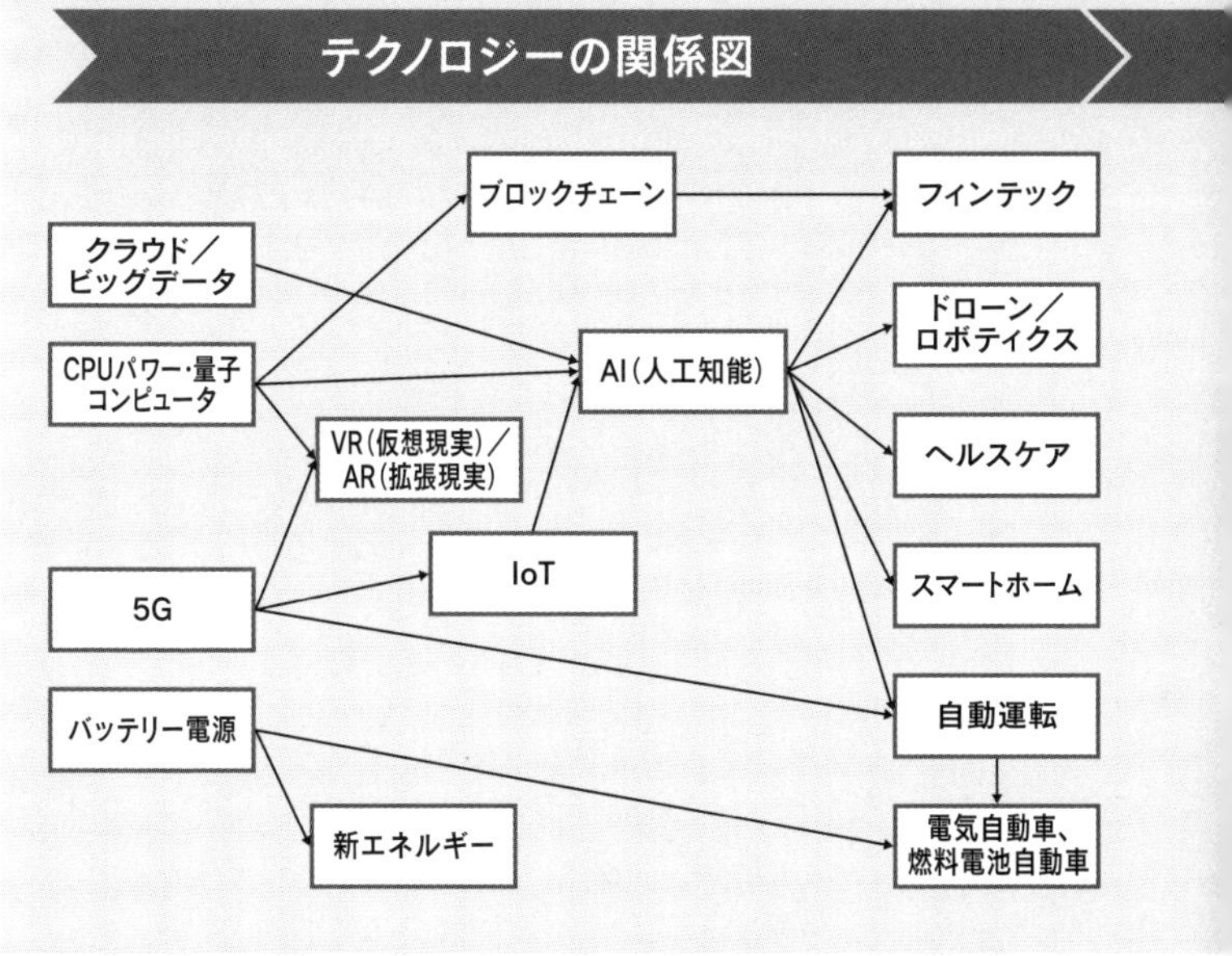

QRコード決済がまさにそうでした。QRコード決済は、決済自体の手数料はあまり意味がなく、それよりも広告などすでにある巨大事業で決済データを活用して収益をあげることに意味があるという見方が大事でした。そこに十分に巨大な事業でデータが活用できるものを持っていない限り、出来たてのベンチャーが飛び込んでいっても苦戦するのです。

QRコード決済で、最大手として乗り込んできたPayPayはまさにヤフーという巨大広告ビジネスを持ち、LINE Pay も統合し、国内で大きな競争優位性を手にしました。

いかに大手が入れないようなマーケットに挑むか、がベンチャーには問われるわけです。参入障壁が高いところで、小さいながら入れるようなところを見る。

ウーバーが典型的な例でした。タクシーは実は世の中ではひしめいていて、大手のタクシー会社がウーバーのようなことをやる、と言い出したら株価が下がるのは必至です。

しかし、ベンチャーでステルスのように法律違反スレスレのことも果敢にやりながら破壊者として生き延びたために、時価総額が7兆円にまでなり上場にこぎつけたわけです。ベンチャーキャピタルとしては、こうしたポテンシャルをいかに見抜くか、ということが問われます。

大手だとある意味で危なっかしくて手が出せないところ。評判で傷ついてしまうかもしれないという懸念があるところ。そういうところにこそ、ベンチャーの勝機があります。そこに、すばやく一気に動いていくことができるかどうか。

私も外資のもはや大企業であるグーグルにいたのでわかりますが、グーグルでさえも大きくなると意思決定に少しの時間はかかるのです。しかも、新しい事業にトップ級のエースをわざわざ配置するかどうか。

これは有名な話ですが、ヤフー（現Zホールディングス）社長の川邊健太郎さんが「ヤフーの倒し方」というテーマの講演をしたことがあります。ヤフーは巨人ではあるけれど、実はそれはイバラの道でもある、と。なぜなら、大企業は新規事業にエースを充てられないからです。どうしてもエースは本業に充てることになる。

エースではない人を新規事業に充てざるを得ないところに、ベンチャーのつけいる隙がある、というのです。テクノロジーのマップを見抜き、10年後を構想し、大手が簡単に出て来られないような事業、ビジネスモデルを作ることができたとき、ベンチャーは大きく跳ねます。

アーリーステージでは、まだ事業がスタートしていないこともありますが、コンセプトはわかります。その人の経験は十分か、言っていることは筋が通っているのか、ということをチェックします。

ただ、絶対にうまくいく、という法則はありません。例えば「新規ビジネスや起業を科学する」という言葉があるとしましょう。理系の人なら身に沁みて理解していると思いますが科学は「再現性」がなければいけません。100%成功する起業、ビジネスなどありません。不安なときに、明快に言い切ってもらったほうが気分は楽になるかもしれませんが、現実はより複雑です。

一方で、これをやってはいけない、ということはあります。明らかにこれをやるとミスをする。それを指摘し、最初からつぶしておくだけでも、その起業の成功確率を上げることができます。情報を知らないために損をしている人は、たくさんいます。

資本政策を知らずに、いきなり投資家が株式を60％持っている、などというケースに出会ったことがあります。お金を出してもらえるから、と出資をどんどん受けてしまった。最終的に、起業家の持ち分は5％しかなかった、というのです。

これは金融知識の浅い起業家をうまくあしらったのか、ファイナンスにまったく無知でやってしまったのかのどちらかになることがありますが、どちらにせよ、投資家の倫理としてはあまりよくないことになります。

Perspective of venture capitalist in Silicon Valley

第5章

「よい情報」を得るにはどうすればよいのか

シリコンバレーに来れば、良い案件に投資ができるわけではない

外からシリコンバレーを見ていると、オープンで、みんながコラボレーションをしていて、デザインシンキングで、イノベーティブで、といったイメージを持つ人も少なくないと思います。

しかし、実際には必ずしもそんなことはありません。シリコンバレーは、インナーサークルが強固で、入ってこようという人に対しては極めてシビアな目で見ます。その人が受け入れるに足る、と評価されれば受け入れてもらえますが、評価が得られなければ中には入れないのです。

難しいのは、カリフォルニアという土地柄でもあり、アメリカ人ですから表面上は「ハーイ！」と陽気に応じてもらえることです。しかし、実際には人物の中身がシビアに見られている。この人は誰なのか、どこから来たのか、どこに住んでいるか、どんな学歴で、どんなことができそうか、すべてチェックされます。

日本でいえば、京都に近いかもしれません。観光地でもあって、学生や観光客には表面的

にはオープンで明るい。しかし、いざ住むとなると、そう簡単ではない。インナーサークルにも簡単には入れない。きちんと作法を理解して、少しずつ信頼を獲得していかないといけない。

何十年も京都に住んでいるのに、溶け込めない人がいるように、シリコンバレーも長く住んでいればいい、というわけではありません。長く住んでいることと、インナーサークルに入れることとはまったく違うのです。これを理解しておかないといけません。

シリコンバレーについて、あるいはシリコンバレーの投資について書かれた本がたくさん出ていますが、タイトルが気になって読んでみて、びっくりしたことが多くありました（すべてではないですが）。あまりにシリコンバレーを美化しすぎており、バランスのとれた内容が書かれていなかったからです。

私が日本で情報発信をしなければいけないと思うようになったのは、間違った美化されすぎた情報がたくさん発信されているからです。

間違った美化された情報、2年以上前の陳腐化した情報を鵜呑みにしてシリコンバレーにやってくると、大変な思いをすることになります。例えば、シリコンバレーに出張ベースでやってきたとしても、誰も信用してくれません。来週、再来週、日本に帰ってしまう。ましてやその場で意思決定する権限も持っていない、などということになれば、誰も相手にしない。これが現実です。

たとえそこに住んでいたとしても、企業の駐在員ということになれば、シリコンバレーの人たちの見方はこういうことです。

「どうせ3年で日本へ帰るんでしょ」

こう思われてしまったら、なかなか深いお付き合いはできません。外から見るとオープンに見えるのですが、実際にはかなりクローズです。そして、インナーサークルやコミュニティに入れる人を厳選している。

もしオープンなコミュニティがあれば、それは本当に仕事上有益な人が集まっているでしょうか？　おそらくそれは違うと思います。もちろん、私的でカジュアルな集まりは別なのですが。

私はニューヨークにも住んでいましたが、ニューヨークでは大規模な非営利活動をしているジャパンソサイエティがあったり、チャリティイベントがあったり、とインナーサークルに触れるチャンスがありました。しかし、シリコンバレーにはまずありません。

オープンなイベントなどで得られる情報には価値はほとんどありません。本当に大事な情報は、インナーサークルや条件付きのコミュニティでなければ得られないのです。日本でいうと、誰でも入れる異業種交流会には良い人は集まらないことと同じでしょうか。ですから、シリコンバレーにオフィスを作りました、人を派遣しました、赴任してきました、というだけでは思うような結果は得られない可能性が大きいのです。

まずシリコンバレーで求められるのは、自分が何者であるかを端的に語れることです。可能であれば、トップスクールの学位のある留学経験、アメリカで学んだ経験があるほうがいい。それがあれば、ひとまず話ができる。日本人である割には英語は話せそうだ、ある程度の知性もありそうだということもまずは理解してもらえる。

そして、インナーサークルやコミュニティに対して、どんな貢献ができるのかを考えることです。求められているのは、会社の看板ではありません。個人として何ができるのか、です。そもそも日本の会社の知名度は、日本では有名でも、アメリカ東海岸ではかなり低くシリコンバレーではほぼゼロだと思ったほうがちょうどいいことが多いです。

例えば、こんな領域の専門家だとはっきり伝える。その専門領域で情報をそれなりに持っていて、バーターの関係性が築けることを認識してもらう。だから、その領域の会社に出資したいと考えている、ということになれば、対応は変わってきます。

したがって、少なくとも語れる専門領域がないといけない。端的にいえば、その人が問題意識を持っているかどうか、が問われるのです。

投資先は見られている。誰が投資したかも見られている

新しい情報を収集したい。人脈やネットワークを作りたい。そのためにもベンチャーに投資したい。新しいテクノロジーの動向を探りたい。そんな動機でシリコンバレーにやってくる日本企業のビジネスパーソンは少なくありません。

ところが、多くの会社でそれなりに潤沢な資金があったりすると、ときどき勘違いが起きてしまう。お金を出す側なのだから、諸手を挙げて歓迎してもらえると考えてしまうようなのです。

実のところベンチャーキャピタルやベンチャー投資というのは、お金さえあれば「やります」といって誰でもできてしまうものです。参入障壁が低いビジネスです。

だから、シリコンバレーには投資をしたいという人は山のようにいますし、外からもやってきます。お金を出したい人はたくさんいるわけです。したがって理解しないといけないのは、お金を持っているというだけでは、何の差別化にもならないということです。

求められるのは、投資家としての価値をいかに理解してもらうか。もっといえば、評判をいかに作っていくか、です。あの会社に投資をしてもらいたい、あの人に投資をしてほしい。

そんな状況をいかに作るか。それこそが問われるのです。

評判のよくない会社や投資家から投資を受けてしまうと、受けたベンチャー企業の側が評価を下げてしまうようなことが起こりえます。どうしてあんな会社から、あんな投資家から投資を受けたのか、と問われてしまうのです。

ですから、知名度や信用がないベンチャーキャピタルや投資家には、投資の案件がやってこない。それが、シリコンバレーの投資の現実なのです。

投資家やベンチャーキャピタルとベンチャー企業の関係は、男女の恋愛関係によく似ています。一度、付き合ってしまうと、元カレ、元カノはずっとついて回る。評判はいつも周囲に広がる。そして、どうやって出会ったか、も問われることになります。

有望なベンチャーに出会いたいからと、コンテストを開いたりする会社があります。そして、上位に入った会社に「投資させてください」と行く。

しかし、これは恋愛にたとえてみると、ミスコンテスト、ミスターコンテストを開いて、その上位に入った人に「お金があるので付き合ってください」と言っているようなものです。いったい自分は誰なのか、何者なのか、相手はわからないのに、です。お金だけはあると認識されたとしても、これでは本当の相性がわかって付き合うことには遠いのです。

そして大事なことは、本当に素敵な人の誰もがミスコンテストやミスターコンテストに出るわけではない、ということです。実は、将来のために知名度をつけておきたいと考える「出たい人」以外に、たくさんのよい人がいるのです。その人たちを、自分の目で見つけてくることこそ重要です。

ベンチャー投資も同じです。コンテストに出場などしなくても、いくらでも投資が集まるような会社をこそ、見つけないといけない。実際、そういう会社に投資をしたいでしょう。では、そういう会社に投資しているのは、どういう会社や投資家か。それは、それだけの信用を得ている会社や投資家が多いです。もちろん、たまたま元同僚だったり、家が近所だったりと運の要素もありますが、多くは自分たちは何者なのかをはっきりさせ、「あそこはいいよ」と評判が立っている会社や人です。

そういうところには、じっとしていても案件はやってきます。恋愛でも、きちんとして信用、評判が立っている人のところには、黙っていてもいい人が集まってきます。場合によっては、「あの人と付き合うといいよ」と共通の友人がアドバイスしてくれたりする。こうなると、最高の出会いが生まれやすい。

投資の場合でも、「そういう内容だったら、あの人のところに行くといいと思うよ」「あの人のところにまずは相談したらいいと思う」と言ってもらえるような評判をいかに作っていくか、なのです。

実際、私自身はベンチャー企業側からの相談を受けてから支援するかどうかを考えることがあります。シリコンバレーのコミュニティやインナーサークルから。あるいは友人、知人の紹介から。そして、自分から動いて情報収集をし、アクションを起こしていくこともあります。

日本のコーポレートベンチャーキャピタルの危うさ

事業会社が自己資金でスタートアップ企業などへの投資を行う、コーポレートベンチャーキャピタル（CVC）が世界中で拡大しています。グーグルのGVや、インテルのインテルキャピタル、セールスフォースのセールスフォース・ベンチャーズなどがよく知られています。

CVCは、投資益よりも質のよい新しい情報や技術の本業への取り込みに期待する狙いがあります。スタートアップ企業への投資を通じて、ビジネスの最新情報を得たい。協業をしたい。優秀な人材を招聘したい、などの目的が中心です。

企業本体の経営とは切り離し、ファンドの形式を取ることがほとんどです。それだけに投資の決定も迅速にできるメリットがあります。これはスタートアップ企業にとっても、事業拡大のためのスピード感ある資金調達につながります。

日本企業でも、CVCが拡大しています。自分たちの本業がいつ、どこから侵食されるかわからないような状況の中で、うまくいけば協業、さらには買収も目的として、投資によるリターンというよりも、新しい技術や優秀な人材を獲得するためにCVCを活用しようとしています。

この流れ自体は問題ないのですが、だからといって日本企業のCVCがいきなりシリコンバレーにやってきて、ベンチャー企業への投資が簡単にできるわけではない、ということには注意が必要です。

特に大手企業のCVCの場合は、一度もベンチャー投資の経験がない人材が、財務や経理、企画といった部署から送り込まれてくることが少なくありません。突然、辞令ひとつで不慣れなベンチャーキャピタルの業界に放り込まれ、しかも勝手のわからないシリコンバレー。この二重の新天地で、どうしていいかわからない、という声が聞こえてくることも少なくありません。

おそらくシリコンバレーがどういうところなのか、わからずに来る人が少なくないのだと思います。英語が得意なわけでもなく、新規事業分野や投資分野など課題意識がはっきりしているわけでもなく、オーナー社長でもないので決裁権を持っているわけでもない。何かを決めるにも、「本社に確認するので1週間待ってほしい」という返事をする。これでは、ベンチャー企業から信頼してもらうことは難しいのです。コミュニティやインナーサークルにも入ることはできません。

結果的に、日本企業から派遣されて来られた方の中には、行き場がなくなってしまい、日本人ばかりで集まっているケースも少なくない。そういう人たちが、夜な夜な集まってしまうこともあります。

しかも、話を聞いてみると、びっくりするようなKPI（重要業績評価指標）を与えられていたりします。なんと、毎期X件投資を決めなければいけない、という話を聞いたこともあります。ノルマを与えられた担当者は、どうしていいかわからなくて困り果てていました。先にも書いたように、よい案件に出会うのは至難の業なのです。逆に、簡単にアクセスできる投資案件は、投資家が殺到していないということでもあり、魅力的ではないことが多いのです。

だから、どこに投資をするのがいいか、という目利きを放棄して、とにかく投資して数を増やしたいという。KPIがそうなっているのだから仕方がありませんが、これはCVCの本来の目標である、「質のよい新しい情報や技術の本業への取り込みに期待する」目的から完全に逸脱しています。

ベンチャーキャピタルは、当然ながら、いずれ投資リターンを得ようと考えて投資をしますから、きちんと利益が上がるところに投資をしよう、というインセンティブが働きます。しかし、CVCには、ともすればそれがなくなってしまいかねないのです。

しかも、担当者の赴任期間はおおむね3年。それ以降は帰国して配置転換になりますから、投資した案件がどうなったとしても責任を取る必要はありません。結果的に、リターンも考えない。とにかく数だけ得られればいい。そうしたモラルハザード状態が起きてしまっています。

自分のお金で投資するのであれば、いかに失敗しないか、必死で考えます。ところが、会社のお金です。自分の懐が傷むわけではない。

そもそもベンチャー投資は10件に1件、1割ホームランが当たればいい、というのが現実なのです。プロのベンチャーキャピタルでも9割は損か、少しの利益の案件ということです。その代わり、当たった1割でその損を取り戻す以上の利益を上げる。そういうモデルなのです。

ところが、その感覚もない。できればすべてで投資を成功させたい、本社の上司がそれを望んでいる、という無茶な要求もあります。

しかし、損をしない投資の張り方、というのはまず不可能なのです。投資にリスクがないわけがありません。大リーグで活躍したイチロー選手に対して、野球のことをまったく知らない上司が「9割ヒットを打て」と言っているようなものです。3割でも十分すごいことなのです。

まさにムチャな話なのですが、ベンチャーキャピタルの世界を知らない人たちは、当たり前に9割を考えてしまうのです。そして、ようやく投資ができる案件に投資をしていく。

逆に日本の大企業のCVCだと知って、近づいていくベンチャーもいます。ここなら確実にお金を集められる、と。残念なことに、他のベンチャーキャピタルが「さすがに、ここは……」と躊躇するところに日本のCVCが投資をしていたりします。

そんなことがシリコンバレーでは起きており、そして、CVCがそういうベンチャー投資をしていると、日本企業のイメージそのものがシリコンバレーで悪くなってしまい、よりよい案件は回ってこなくなります。

一番怖いのはコンサルタントや支援業者から回されてきた案件がどれくらいの質のものか判断できない場合です。同じ業界のベンチャーが数社あった場合、投資時点では、一番手なのか、二番手なのかすらよくわからない状態で日本企業が投資をしてしまいます。あとでしっかり調べたところ、三番手だったりすることがわかると、なかなか投資の成果も出づらく、シリコンバレー事務所撤退という事態になりかねません。

コマツ、東京海上など成功例に学ぶ

せっかくＣＶＣをやるのであれば、日本企業が行うべきなのは、破壊的に事業を変えていくような分野への投資です。次の本業になるようなものをこそ、見つめなければならない。アップルでさえ、10年周期でビジネスを変えてきている。そんな時代です。本業に対しても、インパクトのあることをやっていかないといけないのです。そのために投資を使うべきなのです。

お金があるからＣＶＣを、とりあえずＣＶＣを、などということをやっては本末転倒でＫＰＩを間違えてしまうことになりかねません。

それなら、ＣＶＣの前にベンチャーキャピタル業界を学ぶということでシリコンバレーの複数のベンチャーキャピタルに投資したほうがいいと私は思います（複数というのは、前述のとおり、各ファンドに得意な領域、ステージがあるからです）。ベンチャーキャピタルが持っているベンチャー投資の情報を獲得していくことができるからです。ベンチャーキャピタルから、情報を手に入れるのです。

そしてベンチャーキャピタルというものが、どういうものなのかを理解する。どこにどんな人たちがいて、どんなことをしているのかを知る。こういうことはやるべきではない、こういう得意をこそ活かすべきだ、ということを認識し、学ぶ。

こうすることで、ベンチャーのエコシステムへのアクセスをつかむことができるかもしれません。インナーサークルやコミュニティに入るための足がかりにすることができる可能性も出てくる。

そもそもシリコンバレーで、いきなりプロのベンチャーキャピタルレベルの情報が得られるはずがない、という認識を持つ必要があります。もっといえば、簡単にベンチャーに投資できるはずがない。

それなら、ベンチャーキャピタルに投資をして、信頼を築いて、情報を得られる体制にしておいて、その上でベンチャー投資を考えていけばいいのです。


日本企業で、うまくいった事例もあります。

コマツは、シリコンバレーの有力ベンチャー、スカイキャッチの技術力をメイン事業に取り入れています。工事現場でドローンを飛ばして収集した地形などのデータをスカイキャッチのデータ解析力によって短時間で「見える化」して、現場作業の生産性や安全性を格段に高めています。

技術の目利き力を持った担当者がシリコンバレーで複数のベンチャーキャピタルに出資をし、人脈を築き、そこで収集した精度の高い情報をスピーディに日本本社の経営陣と共有し、その採否を経営トップが即断したことがこの成功をもたらしました。

コマツはシリコンバレーで役員会を開催したりもしており、スピーディな意思決定を可能にしています。社長をはじめ役員全員がシリコンバレーに揃い、ベンチャーのトップと直接コミュニケーションを交わしたりしている。こうした中から、メイン事業にドローンを活用するスカイキャッチとの協業を決めました。コマツのCTO室の部長だった富樫良一氏がスカイキャッチを見出し、技術革新にキャッチアップしようと考えた、日本企業の投資の好事例になりました。

また、東京海上日動は、保険という専門領域をうまく使い、自動運転と掛け合わせた「インシュアランス エックス：Insurance X」というイベントで知名度を上げ、インシュアテック（保険のテクノロジー）の代表的なベンチャーであり「走ったぶんだけ払う保険」のメトロマイルへの投資にこぎつけました。

東京海上日動についてシリコンバレーの人が何も知らなくても、このイベントの登壇者と招かれる人が興味深いので、有力者や業界関係者が多く集まったのです。このイベントによって知名度が上がったことにより、ベンチャーからのアプローチや人を介した紹介が増え、そのつながりが別のつながりを生む好循環となりました。その積み重ねによりシリコンバレーのエコシステムに入ることに成功、他社がなかなかアプローチできなかったメトロマイルに出資することができたのです。

CVCでは、パナソニックも興味深い取り組みをしています。コンダクティブベンチャーというCVCですが、パナソニックの名前がどこにもないのです。

幹部はもともと別の独立系ベンチャーキャピタルにいた人で、その評判と人脈、目利きがメインの差別化要素になっています。むしろ、名前を出さないことで、大手企業に出資してもらったというブランドだけがほしいベンチャーを排除することができます。企業名を入れないというのは、とてもいい選択だと思います。

エースをシリコンバレーに送り込むべき

海外、とりわけシリコンバレーに関しては、日本企業が行うべきことがあります。エース級の人材を今すぐ送り込み、できだけ長く駐在させる、という戦略を取ることです。

ニューヨークで銀行に勤めていたとき、日本の大学の学歴がほとんど通用しないということに驚いたという話はすでに書きました。しかし、日本企業のブランドについては、それなりに名前が通りました。三菱、三井といった名前を、ニューヨークの金融の人たちは知っていたのです。

しかし、シリコンバレーに来たら、まったくそんなことはありません。東海岸で名の通っていた会社も、西海岸ではまったく通じない。三菱も三井も誰も知らない。日本企業の知名度は、ほとんどゼロなのです。

そうなると問われるのは、どの会社から来ているのか、ということではまったくありません。あくまで、個人の能力だということです。社員の個の能力こそが問われるのです。

学歴にしても、日本以上にアメリカは個として一つの要素になります。飛び抜けたところであれば、コミュニティに少し近づけます。

イノベーションを起こすための質のよい新しい技術情報は、どういうところで流通しているのか。先にも書いたように、信頼できる身近な人たちの間で流通しているのです。アメリカなら、アメリカ人からも同等と認められないといけません。日本の学位だけではなく、アメリカの有名校の学位がここで大いに活きるのです。

また、テクノロジーとビジネスの両方に明るい人だったらどうか。本社の承認をすばやく得ることができる人ならどうか。こうしたエース級がシリコンバレーに長く滞在し、幅広い人たちと話をすることによって、信頼できる身近な人と認められるのです。

赴任して任期が終わったから、と日本に帰ってしまったら、その縁は続きません。縁は個人によってできるものだからです。会社ではありません。縁は引き継げないのです。だから、優秀な人材を長くシリコンバレーに置き、本社と迅速に連携できるような体制を築く必要があります。

バブルの時代とは違い、日本企業を一番手に考えてよい情報を提供しようとする海外の人はほとんどいないことに気づく必要があります。情報収集がうまくいかないからと、消去法的にCVCを作っても、お金があるというシグナルだけが流れて、逆に質の悪い情報が集まってきてしまったりするのは、そういうことです。

そうなれば、日本はますます世界の動向から取り残されてしまいます。エースをこそ、送り込まなければいけないのです。それがわかっているので、上場会社でありながら、社長自らがシリコンバレーに拠点を移し、家族で住んでいるソースネクストの松田憲幸社長のようなケースもあります。

経営トップ自らがシリコンバレーにいてビジネスの陣頭指揮を執っているわけですから、情報が集まってこないわけがありません。実際、翻訳機のポケトークは世界シェアトップを獲得しました。シリコンバレーに住んでいることで得られた利点はたくさんあったはずです。

長く住んでいるからこそ、得られる情報もあるのです。

そしてもうひとつ、シリコンバレーで過ごすにあたって大事なことは、これから伸びそうなところこそが強い、という認識を持つことです。もちろん売り上げや時価総額といった序列を作れる指標はありますが、勢いがあるか、伸びるか、伸びしろがあるかという尺度で考えれば、間違いなく大企業よりもベンチャーのほうが上です。

先に、未来への道は真っ直ぐではないと書きましたが、カーブを曲がるときに、重い荷物を持っていればいるほど、曲がるために速度を落とさないといけなくなります。これが、時代の変化に大企業がなかなか追いつけない理由でもあります。

しかし、ベンチャーはもともと荷が軽い。だから、あっという間にカーブを曲がっていってしまう。意思決定も早い。中期経営計画や取締役会決議のような形式的なことを大企業がやっているうちに、どんどん前に進んでいってしまう。

この機敏さこそが、ベンチャー企業の強みです。これが大きな会社にいると、なかなか理解されない。しかし、アメリカはそうではありません。リスクを取って起業をした人間の価値をよくわかっているのです。

しかも、そういうところにこそ優秀な人材が集まっていることを知っている。大企業という看板を外しても生きていける人たち、と言い換えてもいいかもしれません。端的にいえば、彼らが手がけているベンチャーのほうが、価値が高い、ということです。

グーグルのエリック・シュミットは、競合はどこか、と聞かれてかつてインタビューでこう語っていました。

「今、一番怖いのは、ガレージで何かをやっているヤツだ」

自分たちも、ガレージから始めて大企業を蹴散らしていったのです。その謙虚さを失うべきではない、ということです。これを、日本企業も認識する必要があります。今や時価総額100兆円を超えた会社が、ガレージのベンチャーを警戒しているのです。

最近では、日本でも優秀な人たちの起業が増えてきました。その勢いは、米国より遅れて日本でもこれから増えていくでしょう。

安易なアウトソーシングをしてはいけない

日本企業がよく直面する課題として、もうひとつ、心配していることがあります。それは、あまりに安直にいろいろな判断が行われているということです。大手企業は大手企業に相談し、大手企業だから大丈夫だろう、と信用してしまう。しかし、本当にそうなのかという点です。

例えば、先にＡＩ（人工知能）に関して何かやろうと思ったら、信頼できるベンダーの選択が最も重要になる、と書きました。ＡＩの本質はディープラーニング（深層学習）ですから、大量のデータをクラウドで処理することが必至になります。

そこで私はキユーピーから相談を受けたとき、真っ先にクラウド・人工知能に詳しい友人に相談を持ちかけました。そこから、信頼できるベンダーを紹介してもらいました。日本ではまだ名前の知られていないＡＩベンダーでしたが、信頼できる友人のお墨付きがありましたから、安心してお願いでき、その結果、プロジェクトはうまくいったというのは先述したとおりです。

ところが多くのケースで、ＡＩのプロジェクトを大手のＩＴベンダーやＩＴコンサルティング会社に相談してしまう。ＩＴはプログラム、ＡＩはデータサイエンスとは先に書いたことですが、まったく違う領域なのです。

ＡＩの案件をＩＴベンダーに持っていってもわからない。ＩＴベンダーがＡＩを知っているとは限らない。わからない人に判断ができるわけがないのですが、相談をされているのだからと、無理矢理ツテをたどってピント外れのベンダーに流れ、結局プロジェクトが潰れてしまうケースは今も後を絶たないようです。

背景にあるのは、大手にお願いするのだから大丈夫だろう、という安易な考えでのアウトソーシングです。そもそもアウトソーシング先のＩＴ企業には、自分たちのインセンティブがあることを忘れてはなりません。

本当に顧客のことを考えて相談に乗ってくれているのか。顧客のための、いろいろな提案をしてくれているのか、注意をしないといけないのです。よくわからないから、とそのまま信用し、相手の言うことを鵜呑みにしてしまい、結果的にうまくいかないことは多々あるのです。

なぜ日本でクラウドがなかなか進まなかったのか。それは、相談を受けていたＩＴベンダーやメーカーには、クラウド化を推し進めるインセンティブがなかったからではないでしょうか。顧客企業の側も自分たちで海外の動向を含めてクラウドのメリット・デメリットを調査せず、ベンダーに丸投げしていたことも一つの要因でしょう。サーバーを売っていたほうが儲かるのです。先述したとおり、毎年、保守で20％もの収益が得られるわけです。

世界の企業が当たり前にクラウド化に進んでいく中で、日本では「大事な情報をクラウドに乗せるなんて」という空気がなかなか消えませんでした。むしろサーバーに乗せていると、ハッキングされるという危険もあるのに、です。

これは「エージェンシープロブレム」と呼ばれています。代理人が本当に主人のことを考えているのか、という問題です。

ＩＴ以外でも、エージェンシー問題が心配なのは、マーケティングです。マーケティングの代理店は本当に顧客のことを考えて、広告やマーケティングを提案できているのか。

今では最先端のデータサイエンスやテクノロジーは必須の知識です。それについていけていなければ、顧客への最適な提案はできません。そして、彼らにとって最大の収益率をあげられる仕事は何なのか、真剣に考える必要があります。

マーケティングは大きな投資であり、会社の収益、長期的なブランド力に直結する重要な問題です。それを大手だから、専門だからと安心してアウトソーシングしてしまうよりは、本社でしっかりとした戦略を作った上で代理店と協働してマーケティング活動するのが効果的だと思います。

そして最近では、よくわからないからとＣＶＣについてもアウトソーシングするような動きが見られています。実はシリコンバレーをよく知らないようなベンチャーキャピタルに丸投げしてしまうのです。

良いベンチャー、悪いベンチャーなんてどうせわからないだろう、とばかりに、適当にアメリカのベンチャー企業を選んで投資したりする。シリコンバレーで有名な企業ですよ、と言われて、そのまま信じてしまったりする。言われた側は判断がつかないのです。

安易なエージェンシーへのアウトソーシングは、極めて危険だということです。大手だから、有名だからと安易に信じてはいけない。ここでも、信頼できる身近な人たちと、どのくらいつながっているか、ということが問われることになります。

本当に大事なことは何かを理解し、エージェンシーだけの利益に誘導されないよう、気をつけなければならないのです。

「フェイク」に騙されてはいけない

シリコンバレーのベンチャー企業に投資ができます、といった触れ込みで、日本でときどきイベントが開催されたりしているようです。しかし、かなり気をつけるべきでしょう。

これまで書いてきたように、シリコンバレーでベンチャー企業に投資をする、というのは簡単なことではないのです。インナーサークルやコミュニティに加わっていないと、そもそも投資の情報すら入ってこない。

もちろん、投資案件がないとは言いませんし、オープンになっている投資情報もあります。しかし、それが魅力的な案件なのかどうか、ということはまったく別物であることを認識しておく必要があります。

そもそも誰もが手に入れられる情報、誰もが知っている情報に、果たして大きなチャンスが潜んでいたりするでしょうか。そんな話はあるはずがないのです。

もし、シリコンバレーに投資ができる、などという話があった場合は、どんなふうに投資先を選んでいるのか、その基準をしっかり尋ねてみたほうがいいと思います。

投資の基準を設けず、とにかくシリコンバレーのベンチャー企業に手当たり次第に投資している、ということであれば、かなり心配です。いい投資案件に出会えるとは、とても思えないからです。

実はシリコンバレーの中では、フェイクは多いのです。シリコンバレーの中にいると、起業家や投資家から詐欺に遭うことも少なくはありません。土地が広く、人口密度が希薄なため、騙されても村八分のように締め出されることは少ないからです。

それに対する防御策もあります。クローズドなネットワークで自衛をすることです。間違ったことを起業家などがしていると、口コミで情報が入るようにネットワークを持つのです。

ところが、このことが日本には伝わっていない。シリコンバレーで云々という話があれば、真っ先にシリコンバレーの信頼できる人に確認をすればいいのです。ところが、それをやらない。

実際、シリコンバレーから来たベンチャー投資家、シリコンバレーから来たベンチャー起業家といった触れ込みで日本に入ってくる人をそのまま信じてしまったりしています。

正直な印象ですが、シリコンバレーという言葉だけを売り文句にして日本にやってくる人たちは、なぜ今どき日本にわざわざ来るのだろうか、と私は思っています。バブル期でもないので、何かしらの目的があるはずです。それが日本文化が好きなだけという善意ならばよいのですが、そうではないこともあります（だから、あえてシリコンバレーという言葉を打ち出した本を出させてもらうことにしたのですが）。

例えば、考えてみれば、日本語をしゃべる外国人が、なぜ今、日本に投資を求めてきているのか。なぜ中国ではなく、日本なのか。バブルの頃なら、日本企業にやってくるのはわかります。しかし、今この状態の日本に投資を求めて来るのは、何か事情があるのでしょう。

そういう人たちであっても、シリコンバレーに投資できるということにプレミアムを感じる日本人は少なくないようです。しかし、十分に注意しながら接することが大事です。最近では、地方の大都市など東京をあえて外した企業などが狙われている危険性があります。

私はニューヨークでも仕事をしていたのですが、ベンチャーに関しては、ニューヨークにいる人々が見る目はそのまま通用しない、と思っています。背景にあるのは、大企業慣れしていることです。基本的に、相手が言っていることを鵜呑みにしてしまう。結果として、判断を誤ってしまう。あの大手が投資している、あの人が出資している、という話を聞くと、それを信じてしまうのです。

日本は、ニューヨークに近いところがあります。あの会社が、あの人が、ということで騙されやすい。詐欺が起こりやすい風土がある。気を付けなければいけません。

第6章

日本企業と
その社員に
未来はあるのか

経営の20年先を考え大胆に素早く行動できるか

新しい未来に会社の方向性をかけるには、リーダーの先見性が求められます。例えば、アマゾンが手がけるクラウドサービス「AWS（アマゾン・ウェブ・サービス）」は、事業開始に際して、社内で大反対があったそうです。eコマースとは相乗効果がない、と。

しかし、創業者のジェフ・ベゾスは押し切りました。後にAWSは技術上、大きな優位性をもたらし、アマゾンはクラウドでも世界に冠たる会社になりました。

さらに、クラウド事業を持っていたからAI事業に踏み出すことができ、アマゾンエコーの音声アシストサービス「アレクサ」や動画ストリーミングサービスなどの事業にもつなげることができました。

創業社長だけではありません。アメリカの大手自動車メーカーのGM（ゼネラル・モーターズ）は、リーマンショック後に経営破綻しました。企業再生を担当した後、2014年にCEOに就任したのが、メアリー・バーラでした。このCEOは、このままではGMは本当につぶれてしまう、と大胆な未来への投資に踏み切るのです。

2016年には起業して3年しか経っておらず、売り上げがゼロだったクルーズという自動運転のベンチャー企業を1000億円で買収しています。そして、当時、創業時29歳だったこの会社の社長を役員に据えました。世界的企業のGMが、30代前半のロボット技術者を幹部に迎え入れたのです。

こうしてGMでは今、自動運転技術の開発が進んでいます。若き創業者は要職で迎え入れられ、技術競争に大いに貢献しています。株価も上がりました。

共通しているのは、常に危機感を持ち、経営の20年先を考え、リーダーが大胆に素早く行動する構造になっていることです。

これは杞憂であってほしいのですが、シリコンバレーにいて感じるのは、日本企業は世界の流れが見えていないのではないか、ということです。世界の潮流が見えていないから、未来への明確なビジョンを打ち出すことができない。未来をどうしたいのか、よくわからない。海外の他の会社が何を狙っているのか、世界の消費者が本当に求めていることをやろうとしているのか、確信が持てていないのだと思います（もちろん難しいことではあるのですが）。

「グローバルで最も売れている」「過去最高益を更新」などという報道がさかんに行われますが、会計上のデータというのは、前述のとおりバックミラーに過ぎません。アカウンティングをいくら眺めていても、過去のこと、そして回帰分析程度の単純な予測しかわからないのです。複雑に環境が変化する時代ではほとんど後ろしか見えないことと同義です。そして、過去の最高益は未来の最高益を保証するものではありません。

やらなければいけないことは、未来のファイナンスです。新しいことにどのくらい挑戦しているか、です。もっといえば、市場との対話をしてビジョンを伝えた上での時価総額です。

利益を出そうと思えば、いくらでも方法はあるでしょう。仕入れ値をギリギリまで下げれば、利益は上がります。たとえ協力会社の業績が厳しくなっても、利益を上げることができる。しかし、サステナブル（持続可能）ではないでしょう。

リーダーに変革へのインセンティブを持たせるべき

オーナー企業を除く日本企業の多くのリーダーは、戦後の日本の成功モデルの中で出世してきた人たちだと思います。そこで結果を出したことで、認められ社長になり、会長になることが通常です。

そして、彼らの多くは任期が2期4年か、3期6年ほどです。4～6年間、つつがなく過ごせば、確実にその間、報酬をもらえて、好待遇が得られる。秘書がつき、役員室がもらえ、社用車がつく。よい待遇で、日々を過ごすことができることがほぼ約束されているといってもいいでしょう。

退任した4年後、5年後、あるいは10年後に会社が危機的状況に陥ったとしても、誰も責任を問われません。しかも、退職金を含めた報酬はすでに現金でしっかり受け取っている。受け取っていないとすれば、任期中に会社が不測の事態に陥ったりしたケースだけになります。

この状況のもとでは、リーダーのインセンティブはこのようになるシナリオがあると思います。

このままつつがなく3年間、無事に過ごそう。未来のためにドラスティックな変革などして、万が一、会社が揺らいだりしたら、目の前の業績に響きかねない。「黒船」は来ているのだろうし、未来はなかなか大変かもしれないが、大きな変革は後進に委ねよう……。

そういうことに、なりかねないと思うのです。

これは極端な例ですが、しかし、実際に日本の失われた30年は、こうして先送りがずっと繰り返されてきたことに起因するのではないでしょうか。だから、会社は変わることができなかった。

そして、リーダーのみなさんは3年間、好待遇を得て、ある程度のキャッシュを手に入れて、会社から離れていかれた方もいらっしゃると思います。

しかし、それは仕方のないことでもあると思っています。インセンティブ設計が自分にとって「変わらないほうがいい」になっているからです。これでは、未来に目が向きようがありません。

他の国の例を見るとアメリカでは、こういうことになりにくいように工夫がされていると思います。理想の解決策ではないとは思いますが、アメリカでは、CEOの報酬は半分以上が株式で支払われることがほとんどだからです。

株式は、将来の利益を現在価値に戻したもの。つまり、将来の見込みがなければ株価は上がりません。こうなれば、アメリカのリーダーは自分の報酬のためにも、将来を厳しく考えることからは逃れられないのです。これは擬似的に雇われ社長にオーナー社長と同じように将来を考えさせる仕組みです。

だから、大胆なことをやる。思い切った変革をする。そうすることで未来のポテンシャルを上げようとする。こういうインセンティブ設計なのです。大成功すれば、報酬は100倍になる、なんてことも起きるわけです。

新しいことに挑戦した人が、ちゃんと報われるような仕組みになっている。黒船が来ることがわかっていれば、いち早く手を打ったほうが評価される制度がある。逆にいえば、こうしたインセンティブ設計や外部からのショックがなければ、会社を大きく変えることは難しいのではないかと思います。

つまり、このインセンティブ設計から変えていかないと解決策にならないのではないか、ということです。

何もしなくても現金報酬を受け取ることができる状況では、なかなか遠い未来を見据えた大胆な手を打つことは難しいのではないでしょうか。

もちろん報酬形態を変えるだけでは物事は解決しないかもしれない。しかし、何かを変えるきっかけになるかもしれないのです。

利益が稼げるのはソフトウェアとサービスの組み合わせ

これまでの成功モデルを崩すのが、日本企業は苦手です。ものづくり、ハードウェアの呪縛から、なかなか抜け出せない。「ソフトウェアが世界を食べている」という言葉が世界に広がったのは、もう10年以上も前です。有名なベンチャーキャピタリスト、アンドリーセン・ホロウィッツの言葉です。

ところが、今なお日本からソフトウェアが世界を変える、という話は聞かない。ソフトウェアの強さは、一度作ると大量生産が可能なことです。コピー&ペーストで無限に作れてしまう。追加コストゼロ、限界費用ゼロ。だから、規模が大きくなっても利益率が高く維持できます。

よいソフトウェア（クラウドサービスを含む）を作ることができれば、とても儲かるのです。ところが今なお、日本ではものづくりで利益率2〜3％程度の大企業がたくさんあり、利益率よりも売上至上主義の会社が多いように思えます。しかし、この先はますます厳しくなっていくと思います。なぜなら、価値はソフトウェアにこそあるからです。これから先、利益は、ソフトウェアやサービスと組み合わせなければ稼ぎにくくなっていくからです。

ソフトウェアやサービスの開発にこそシフトして、デバイスは無料で配ってもいい。そのくらいの発想転換をすべき時代がやってきているのです。

品質がよく長持ちするものを安く売る、というのは、確かにハードウェアでのビジネスの王道でした。しかし、それはインターネットが出現する前の時代の話です。

インターネットがもたらしたのは、ハードウェアは常にソフトウェアを更新できるようにして、不完全なところの修正や新しい価値を後から追加できるようにした、ということです。例えばiPhoneなら毎年、OSが更新されます。先にも紹介したようにテスラの電気自動車は、約半年ごとに新しい機能が追加されていく。

これが意味しているのは、こういうことです。

図表6-1　テクノロジーの浸透するメカニズム
（マイクロソフトオフィスの例）

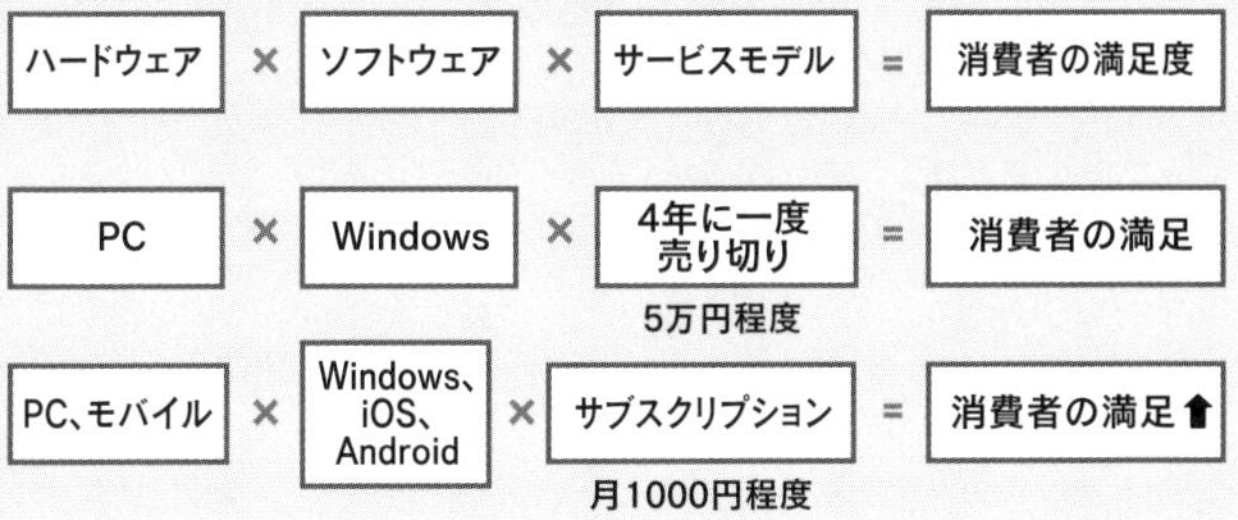

「付加価値は、販売した後からつけることができる」

　これまでのハードウェアのビジネスでは、消費者の元に商品を届けることが「主」目的で、その後のメンテナンスは「従」の業務でした。しかし、これからは違います。消費者の手元に商品が届くことはあくまで「従」の業務で、それから先に付加価値をつけることのほうが「主」、メインの仕事になりつつあるのです。なぜなら、消費者にはそのほうが便利で、満足度も高まるからです。

　つまり、購入はあくまでもきっかけに過ぎず、その上で、ソフトウェアの更新でお金を稼ぐビジネスモデルが成り立つのです。

　ハードウェアの上にソフトウェアがあって、ソフトウェアの上にサービスがあって、それで初めて顧客に通じる。この3つの因数分解です（図表6－1）。この3つがつながって、初めて顧客満足があって、またそれが再投資されるというものだと思います。

日本企業はものづくりについては強いですが、世界で使われるソフトウェアは今のところほとんどない。利用者が使い続けることが収益につながる仕組みづくりには極めて弱いのです。

求められるのは、先手です。いかにいち早く変われるか。変化を自分ごととして受け入れ、自社を自己否定できるか。これまでに体験したことのない状況が、これからやってくる可能性があるのです。

そして、必要なのは、テクノロジーの未来を予測する人材です。技術だけではなく、ビジネスのこともわかるテクノロジーの水先案内人。そういう人材を経営判断のメンバーに入れないと、知らない間に技術の進歩に取り残されかねません。

先にも触れましたが、テクノロジーはビジネスの道具ではありません。本質的にはテクノロジーの上にビジネスは成り立っているのです。その逆の関係を再認識することが求められていると思います。

ソフトウェアとビジネスの両方がわかる専門家を取締役に登用すべき

日本の経営リーダーに思いきった変革ができなかった理由として、もうひとつ大きな要因があると思っています。それは、過去の問題解決で正解を出すのに成功してきた人しか経営層にいない、ということです。終身雇用、年功序列の中で、社内の人だけが選抜されて役員（取締役）になっていった大きな弊害といえるかもしれません。

例えば、自動車メーカーは象徴的かもしれませんが、取締役のほとんどがものづくり、ハードウェアに携わってきた人たちです。いったい何人、ソフトウェアの専門家がいるのでしょうか。

最近では社外取締役を求める声やダイバーシティの意識が高まる中で、大学教授や女性が取締役に加わったりするケースも出てきていますが、ビジネスがわかる方でなければ、執行部が作った資料を鵜呑みにするしかないでしょう。単に社長の友人で、報酬や名誉が目的という人だと社長に耳の痛いことは言えないでしょう。また、ソフトウェアかつビジネスの専門家（最先端は30代〜40代の若手だったりします）が役員会や取締役会に加わるケースは非常に少ないのです。

経営会議において多様性を確保するのは、さまざまな専門性、角度からの意見を取り入れて経営の方向性が妥当であることを担保することに意味があるのでしょう。そうだとすれば、現状では、これまで語ってきたようなソフトウェア時代の経営判断は難しいのではないでしょうか。また、若い人たちの消費傾向が過去とは明らかに変わってきている中、30代、40代の役員も入っていない役員会で、若い消費者に向けた思い切った経営判断ができるかどうか。

取締役会とは、本来は未来を議論する場所だと思います。過去の延長線上で構成されたメンバーでは、執行部の議論とほぼ同質になってしまいます。すると、きっとこうに違いない、という過去の経験上の臆測で意思決定をすることになりがちです。本当に起きていることのファクトチェックはできているのか。バイアス(偏見)や思い込みが本当にないといえるか……。

実際、日本の大企業はものづくり発想から抜け切れているところは少なく、非常にもったいない、というのが私の印象です。品質がよく長持ちするものを安く売れば、必ず消費者は買ってくれる。そんな過去の成功体験から抜け出せていない。

ものづくりのクオリティがアジアをはじめ、世界的に上がっていく中、激しい価格競争をして本当に未来の勝算はあるのか。もっといえば、ハードウェアの位置づけが、まったく変わってきていることに気づけているか。

かつては、消費者はハードウェアを買うことでやりたいことを実現できました。しかし、今はやりたいことを実現してくれるのは、ハードウェアに加えてソフトウェアなのです。消費者が実現させたいのは、ソフトウェアが提供してくれるサービスなのです。

つまり、レイヤーが変わってしまったのです。消費者が求めているのは、サービスであり、それを実現してくれるソフトウェアであり、ハードウェアはその次だ、ということです。問われているのは、利用者が使い続けるソフトウェアのサービスを作れるか、なのです。これが、億を超える人たちの今の現実のニーズなのです。

にもかかわらず、最新のサービスもソフトウェアも役員室でディスカッションされていないとなれば、どうなるか。億を超える人たちの現実に即した行動データが集められないとしたら、どうなるか……。

極めてシンプルに考えると、せめてソフトウェアのビジネスがわかる専門家を社外取締役（できれば30代、40代の最先端で活躍する若い人たち）として入れ、多様性を担保することです。大事なのは、メディアに出ているだけや、肩書や高額な報酬につられるような人、他の企業で専門性がなく役職だけ高い人は選んではいけません。その人たちの時間給を損なわない程度の最低の金額でも、現状を打破したい、と考え、やりがいを求めている実直な若手は多くいると思います。

実のところ、今起きていることは、逆のことのようです。だから、自分たちの会社の経営陣を見て、ハードウェア出身がほとんどという役員、取締役の構成とわかると、ソフトウェアについて大きなポテンシャルを持っている人たちはどんどん去っています。この時代に、ソフトウェア領域の役員がいない。自分たちの未来が、見えてしまっている。大事にしてもらえない。そうと知れば、能力ある人がその会社に残ろうとは思わないでしょう。

外から人材を採用することも容易なことではありません。シリコンバレーでも、優秀なエンジニアが日本企業に行くインセンティブはないからです。日本では優秀な人材には新卒でも年収1000万円出す、2000万円出す、といったニュースが流れますが、シリコンバレーで本当に優秀な人は、その程度の待遇では日本企業には行かないでしょう。他にいくらでも行くところはあるからです。

実際には、優秀なエンジニアは、例えばグーグルやアマゾンに年収5000万円以上で採られてしまっています。

お金で時間を買う「買収」のすすめ

今、世界を眺めてみると、勝っているのはプラットフォームを手にしている企業群です。そうでなければ、そのプラットフォームを使わせてもらう側になるか、下請けに甘んじるしかない。

それを考えれば、今からでもプラットフォームを作るべきであり、最も利益が取れる場所を目指すべきだと思います。

一方でもうひとつの選択肢は、これからプラットフォームになりそうなベンチャーを買収することです。すべてを自分たちで作り出さなければいけないわけではありません。日本企業は内製にこだわりすぎるところがあるのですが、必ずしもその必要はないのです。

キャパシティ（容量）とケイパビリティ（能力）という議論があります。大企業にはもちろん、ゼロから開発できるだけの能力があります。しかし、人材を手当てしたり、社内で決裁を取ったりといった動きをしているうちに時間（容量）が経過してしまいます。

それなら、すでに技術を持っている会社（能力）を買収してしまえばいいのです。そうすることによって時間が買える。結果的に有意義な戦略になることが少なくありません。

ある先進技術があるとします。大企業の中、特に自社に研究所を持っている場合には、「自社でやろうとすれば、３、４年でできる。あんなのは簡単だ」と技術陣から声が上がるケースはよくあるようです。確かにそうでしょう。しかし、今その技術で急激に伸びているベンチャーがいて、そこがあっという間に世界一になるかもしれないわけです。

それなら買ったほうがいい。ベンチャーの創業者と買収側の社長の相性にもよりますがキャッシュで出せば、買える可能性は高まります。そうすることで、世界一になる可能性のある技術を手にできるわけです。テクノロジーだけではありません。優れた技術を持っている人材も取り込むことができる。

実は意外に知られていませんが、グーグルは買収によって大きくなった会社です。もともとは検索の会社だった。どうやってビジネスにしていくか、まったく考えていなかった。そこにアドワーズという検索広告事業を買うことで、一気に大きくなった。

その後も、衛星写真のアース、ユーチューブ、アンドロイド、人工知能のディープマインドなど、すべて買収なのです。買収によって先端の技術を手に入れ、優秀な人材を取り込み、事業を大きくさせ、広げていったのです。

自社に研究所があるのに、外部の技術を買うとは何事だ、と考える会社もあると聞きます。研究所に申し訳ないじゃないか、と。しかし、内部の政治闘争をやっている場合ではありません。

先がどうなるかわからず、変化も加速度的に速くなっていく2020年以降は、企業として生きるか死ぬかの瀬戸際に常にいるということを認識しておく必要があります。そのために時間を買うのだ、という感覚でしょうか。

日本企業にはまだ幸いなことにキャッシュがあります。このキャッシュを使って時間を買うしかないと私は思っています。これからプラットフォームになりそうなベンチャー、世界一の技術を持っているベンチャーを買収して、未来の本業に取り込んでいくのです。

そうしなければ、何が起こるか。プラットフォームをどんどん奪われ、ジリ貧になってしまう危険がある。時間をかけて技術を作っても、もう手遅れになる可能性がある。今、持っているキャッシュは10年後、20年後には残っているでしょうか。

ベンチャーの評価額は数年すると10倍以上に膨れ上がります。有力ベンチャーを買収するという選択肢は、買収した後のマネジメントや協働もバランスをとるのが大変難しいですが、これからは避けては通れない必須の選択肢になっていきます。そして、それができるチャンスも限られたタイミングでしか訪れないでしょう。

データによる「おもてなし」ができるか

「データは現代の石油」ということがよく言われます。1970年代、世界の純利益ランキングの上位をほぼ石油会社が独占していました。令和の新時代の株式時価総額ランキングの上位は「GAFA」「GAFAM」などと呼ばれるプラットフォーマーが多数を占めています。

石油は火力発電に使われるほか、自動車用のガソリンに精製されたり、プラスチックなどの石油化学製品になったり、私たちの生活に欠かせないものです。この石油を貯蔵、販売して利益を得るのが石油会社のビジネスです。多額の初期投資が必要なため、メジャーと呼ばれる大手の石油会社数社が世界の市場をカバーしています。

一方、プラットフォーマーが収集するデータは、ユーザーが使用するスマートフォン（スマホ）やパソコンから取得しています。そのユーザーが住んでいる地域やクリックした広告の分野、「いいね」をした記事のカテゴリーなどを、個人を特定できないようにプライバシーにも配慮しつつ、収集しています。

個々の情報は、すぐにマネタイズできるような高い品質のデータとはいえません。そのため、これまでは、あまりビジネスに有効活用できていませんでした。

しかし、アマゾンやグーグルなどは、大量のデータを処理できるデータセンターを作って情報を貯蔵するコストと処理するコストを飛躍的に下げ、かつてない量のデータを貯蔵できるようにしました。さらにその大量のデータをディープラーニング（深層学習）を利用したＡＩ（人工知能）技術に適用して、ユーザーの行動や嗜好などを解析できるようにしました。その結果、今まで見えなかったデータの相関関係が浮かび上がり、ビジネスに反映させることができるようになったのです。これまでビジネスに反映できなかった原理が情報の非対称性です。

情報の非対称性とは、Ａさんと Ｂさんがいたとして、やりとりをする際に、お互いについて把握していることが同じではない、ということを意味します。

例えば、旅館で、女将さんがお客さんを「おもてなし」したくても、お客さんが新規客でどのような人かわからなければ、通常のマニュアルどおりのサービスをすることになります。しかし、二度目の訪問で、最初のときの会話からそのお客さんの要望や好みを把握していれば、例えば「部屋に加湿器を用意する」とか、「硬めの枕を用意する」とか、よりていねいなおもてなしができるわけです。新規客でもそうした情報があれば、対応が可能です。

こうしたユーザーについての情報は、広告、電子商取引（ＥＣ）、金融サービス、保険等々、さまざまなビジネスに応用できます。

ユーザーが適切にデータを事業者に提供できれば、サービス事業者はデータを活用してよりよいサービスを提供できる。例えば、定期的に運動して健康を保つ努力をしているユーザーならば運動履歴を伝えることで保険料を下げられる。自動車の運転状況をモニターできれば、自動車保険の保険料も下げられるでしょう。

ユーザーにとっての利便性が向上し、メリットがあれば、結果的に売り上げや利益を増やすことができます。

日本企業は地理的な制約があって石油で利益を得ることはできませんでした。しかしデータならば、世界でも最大級の人口密度の東京など多くの都市で収集が可能です。さらに次世代通信規格「5G」で、これまでよりもデータを収集しやすくもなります。プラットフォーマーでなくとも、クラウドサービスやAIを活用できる環境も広がっています。データを活用して、おもてなしを充実させれば、日本企業にも十分に勝機はあるはずです。

スマートシティのデータを開放する

そしてもうひとつ、日本企業のポテンシャルは、データを開放することにあります。東京圏は3000万人の都市人口がありますが、あと5年ほどでジャカルタに抜かれてしまいます。その前に、データが取れる世界最大の先進都市として売り出すことです。

お隣の中国がプライバシーに関係なく、国中にカメラを据えて誰がどう移動したかを記録している時代です。日本もひるんでいる場合ではない。

そうすることで、そのデータを求めて、世界から企業が集まる可能性があります。優れた技術が集まる。それを日本企業が取り込むのです。世界最先端のスマートシティを作り上げるのです。そのためのデータとキャッシュが今の日本にはまだ残されているのです。トヨタはウーブン・シティという2000人規模のスマートシティを静岡県裾野市に作ることを計画、2021年に着工の予定です。できれば発展して東京都くらいの規模で世界で一番大きいスマートシティが近い未来に実現してほしいと思います。

日本は総力戦で戦わないといけません。あるシリコンバレーの大企業が日本企業に部品生産を発注しようとしたら、キャパシティがない、ということで断ってしまったそうです。キャパシティなら支援すると言ったにもかかわらず、です。そこで、仕方なしに大量生産ができる中国の企業に話は行ってしまう。

日本にたくさん話が来ているにもかかわらず、その重要性に気づくことができず、チャンスを失っているケースが実は多々あるのです。工場を大きくしさえすれば、という提案にも、経営者が「いやいや自分一代でもういいから」と新たな投資をしようとしない。跡継ぎ問題など複雑な背景はありますが、こういうことが起きていると結果として、中国はじめ他国にビジネスチャンスを持っていかれてしまうのです。

チャンスは実は来ていたのです。日本企業は、それを逃してしまっていることがあり、この「もったいなさ」をきちんと可視化することが大事です。それだけでも、大きな価値が見えてくると思います。

第7章

これからを生き抜くスキルを身につける

基本は英語のメディアしか見ない、読まない

普段の情報収集はどうしているのか、と聞かれることがよくありますが、基本的には海外のメディア、英語のメディアを見ています。テクノロジー関係だと特に、主に海外のものしか見ていない、と言ってもいいかもしれません。日本のメディアを見ることは、日本特有のことを扱う話題に限ることが多いです。

日本のホテルでたまたまテレビをつけたら、日本のチャンネルのニュースで「パンダの子どもが生まれた」と報じられているので驚いてしまったことを覚えています。ワイドショーならまだしもこれがテレビのニュースで取り上げられること自体が、本当に心配になりました。

アメリカのCNNやイギリスのBBCでは、時期にもよりますが、緊迫した世界情勢のなか、まずこういうことはありません。シリア、IS、イギリスとEUなど、いくらでも世界の大事なニュースはあるわけです。その緊張している時期になぜ、パンダの子どもなのか。国際ニュースに関心のない視聴者層に見せても仕方がない、と鶏と卵の関係もありますが、あまりにも時間の無駄だと思いました。

そもそも日本語のメディアで取れる情報には限りがあります。しかも、相当に偏っている。

日本語のメディアに接していたら、グローバルな視点は持てません。むしろ、意図的に英語の情報に接するように調整するほうがいいと思います。

本来であれば、メディアの制作者や編集者、キュレーターの人たちがメディア側の人間としての矜持を持って、こういうことを報じなければいけない、日本の人に知ってもらわないといけない、考えてもらわないといけない、というニュースを流すべきだと思うのですが、複雑な利害関係でそうはなっていないようです。

視聴率や販売部数、ページビューが大きくなることが何よりの価値だと考えられているとどうしても大衆迎合的なものに走りやすくなると思います。

確かにパンダが生まれて、ほのぼのできてよかった、という感想を持ってもらえるかもしれませんが、それが国民として最も大事なことなのかどうか。本当に日本の国益につながることなのか。日本人として知らなければいけないことが、もっと他にあるのではないか。日本のメディアに接するといつもそう感じます。

日本は今、世界でどんな立場にあるか。世界はそれをどう見ているのか。その中で、日本人は何をしなければいけないか、何を言わなければいけないか……。こういう視点でものを言う人が、日本ではどんどんいなくなってしまっている印象があります。

2020年に起こった新型コロナウイルス（COVID－19）の感染症においても、海外からどのように日本が見られているかということをよく理解し、自分の意見を持って、正しく海外に英語で発信する人は初期の頃、ほぼ皆無でした。

逆に、(意図的か、意図せざるものかはわかりませんが)突発的に混乱を誘発するような発信や、意図的に過激なことを言って海外メディアを巻き込み名前を売ろうとする人が表に出ます。そうすると、海外からは日本はそういう人たちばかりなのだと思い込まれてしまいます。

沈黙は金と言いますが、それは場合によると思います。特に、有事の際には海外との連携が必須の事態は多いので、安全保障の観点からも、多くの人が普段から日本はどのような立場で、どのように映っているかを理解しておく必要があると思います。

メディアに哲学やジャーナリズムがなく、大衆迎合的に走ってしまうと、糸の切れた凧と同じになってしまいます。方向感を失い、さまよってしまいかねない。そして、強固な人脈を持たない限り、情報源がメディアしかない人はもっと困ってしまうのです。

先にも書きましたが、戦後の日本はアメリカに追いつけ、追い越せ、でやってきました。しかし、一瞬だけ追いついたと思ったら、もう何を目指していいのかわからなくなってしまった。アメリカが手探りで迷う時代だと方向が定まらないのです。

日本も同じくずっと学び続け、手探りの「知の探索」を続けなければいけなかったのです。

戦後間もない、英語も勉強できる機会も少ない、インターネットも電子辞書もない時代に比べれば、今は飛躍的に容易になっています。昔よりはるかに少ない努力量で多くのことが学べます（もちろん、学ぶべき事象も飛躍的に増えてはいるのですが）。

常に学び続けなければ、次の世代にはつながっていきません。バブル期以降は、それまでの人たちが築いてきたものを経済的に享受していることになりかねないのです。

先代が作ったものを享受するだけでは、いつかは底をついてしまうので、新しく豊かにしなければなりません。経済的に豊かだ、心地よく暮らせる、とそこに安住していることは、戦後間もない、ほんの70年前を知っている人は奇跡のようなことだと言います。

逆に、豊かでないときに苦労をされた世代が、次々といなくなってしまう時代において、豊かでないことがいかにつらいことなのかが伝わりにくくなる可能性があると思います。これから先、また逆戻りにならないとは誰もわからないのです。

海外のメディアに接していると、日本が置かれている厳しい状況に気づきます。ニューヨークの銀行員時代より少し前、2005年頃からでしたが、海外のメディアから日本に関する報道はどんどんなくなっていきました。日本パッシングを、私は目の当たりにすることになりました。

一方で、報道がどんどん増えていったのが、中国に関してでした。中国がWTOに加盟し、経済成長が続く中で、アメリカ、もっといえば世界の目は明らかに中国に向けられていったのです。

ところがフィナンシャルタイムズやニューヨーク・タイムズを読んでから、日本経済新聞を手に取ると、紙面で重要視している中身や分析がまったく違う。あまりにも情報の違いがある。まったく違う空気が流れていたのです。

英語で情報を取らないと世界で起きていることがわからない、世界の空気をつかむことはできない、と痛感したのが、このときでした。

日本語のメディアでは、英語の情報が日本語に翻訳されているものは、おそらく1割もないと思います。しかも、その中に特に質の高い情報がすべて含まれているのかというと、まったくその保証はない。アメリカで話題になった情報、とても大切な情報が、日本でまるで知られていないことは、よくあるのです。

オープンになっている主な情報は「知っている」のが前提

英語のメディアを見る理由はもうひとつ、新聞でも各紙それぞれ内容がまるで違うことがある、ということです。フィナンシャルタイムズ、ウォール・ストリート・ジャーナル、ニューヨーク・タイムズでは、同じトピックでも同じ報道のされ方にはなりません。

それぞれがしっかり自分たちのスタンスを持っているのです。これには反対する。ここは賛同する。この会社はケシカラン。そういうことを、しっかり書く。解釈も記者によって違う。テクノロジーについても、このテクノロジーはいいという楽観的な目を持つ会社もあれば、まったくダメだと悲観的な目を持つメディアもある。各社バラバラで、それぞれが自分の主張をするのです。それを平気で書くのです。

こうなれば、当たっていることもあれば、当たっていないことも出てくるわけですが、読んでいる側は多面的に物事を見ていくことができます。なるほど、こういう考え方もあるのか、こういう解釈もできるのか、ということが見えます。各社の違いを意識していくことで、複合的なものの見方ができるということです。

そして、いろいろな意見について、常にある意味、割り引いて見ていく習慣もついてきます。誰の言っていることが当たる可能性が高いのか、ということも見えてくる。

日本のメディアでは、なかなかこういうことはないでしょう。各社が旗幟を鮮明にすることはないし、あったとしてもほとんどが同じ方向を向いています。多様な意見、多様な解釈はあまり出てこない。これはこっちだ、とズバッと支持することも少ない。

英語のメディアに接して感じたのは、あるトピックについて、これは素晴らしい、いやこれは無理だと、賛成・反対がはっきりしているものを見ていくことが、情報収集の要になる、ということでした。振り幅が大きい情報に接したほうが理解は深まるのです。

新聞以外では、動画やポッドキャストなどのメディアをよく活用します。

中でも特によく見るのは、インタビューです。いろいろな人が見解を話すのですが、映像で見るインタビューは、文字にしたものと情報量がまったく違います。

本人がどんな口調で語っているか、トーンはどうか、どれくらい自信があるのか、ということが透けて見えるからです。本気で自信を持って言っているかどうか。一を十くらいに言っているのではないか、ということも、映像に映る挙動などでだんだんわかってきます。

これは後講釈になりますが、ソフトバンクが巨額の投資をした「WeWork」も、創業者のインタビューを映像で見ていて、「危なっかしい」という印象を持っていました。とても饒舌に話すのですが、知的な感じはしなかった。コミュニティの素晴らしさを強調していますが、そもそもITではない、テクノロジーへの愛着はない、ということも早くから感じていました。

何より不思議だったのは、彼らが起業し、本社があったのはニューヨークなのです。金融機関が主な顧客ならば東海岸でも納得はするのですが、そうでもないならば、なぜ、東海岸だったのか。ＩＴ企業として、本当にいいエンジニアを採用しようと思ったら、西海岸に軸足を移すのが自然な流れだと思います。ところが、ずっと東海岸に居続けていた。

なぜ起業したかというストーリーも公開されていたので読んでみると、どうやらこの創業者はモデルをしていた妹についていって、イスラエルから米国にわたり、たまたまニューヨークで起業した、ということだったようで、釈然としませんでした。

あと、英語の本は、オーディオブック版も出ているので、移動中なども倍速で聞きながらベンチャーに関連するものを中心に読むようにしています。アメリカのアマゾンで、（著名ではなく）実績ある起業家か投資家の関連のものが出ており、評価がよければなるべく読みます。

オープンになっている情報は、すべて知っていることが前提だと考えているからです。誰に会うにしても、オープンになっている情報を知らないと、せっかく会っている時間を最大限に活かすことができません。知っていることが前提なのです。といってもなかなか時間がとれないタイミングもありますが。

会う相手に著書があれば、もちろんそれを読んでから会います。インターネットに出ている情報は一通り礼儀として確認して、本もできるだけ読んでから行く。わざわざ「読んできました」とは言いませんが、読んでいるかどうか、相手はすぐにわかると思います。

日本語で後に出る本もありますが、翻訳版が出るまで１年、２年かかったりします。ベンチャーやテクノロジーの世界では、これでは遅すぎます。だから、英語です。

とにかくオープンになっている情報は、すべて手に入れるようにしています。誰かと会ったとき、それがコミュニケーションのベースとなるからです。

「彼はこんなことを言っていたね」

という話を知らないと、会話についていけない。きちんとチェックしておく必要があります。

日本の新聞を読むときに気を付けるべきこと

フィナンシャルタイムズやウォール・ストリート・ジャーナルは、日本語版もあります。英語版を読むのがきついようなら、他のニュースサービスの中に付随する日本語の翻訳版でもいいので、ぜひ確認するべきです。そうすれば、日本の新聞との違いがよくわかると思います。

それには、はっきりとした理由があります。日本の新聞、とりわけ日本経済新聞とは想定読者が違うからです。

日経新聞のメインの想定読者は、大企業の役員の方々だと私は感じています。となれば、知っておきたいのは、4〜6年間程度の任期の間だけ、知っておきたい情報ということになります。それより先の未来はあまり主な視点として取り扱うことは少ない、ということです。10年後、20年後については、紙面の都合もあり日経新聞は読者に伝えることに限界があります。対象読者の大企業の役員は、もう退任しているからです。最近は若い読者への啓蒙にも力を入れるという変化もあるようにも見えます。

フィナンシャルタイムズやウォール・ストリート・ジャーナルは、対象読者が投資家です。投資家が知りたいのは、今以上に未来です。先にも書いたように、未来のキャッシュフローを今に戻したものが時価総額です。それが上がったり下がったりすることで投資家は利益を得る。

その意味では、投資家向けの情報というのは、未来に関することを取り込んでいなければ意味がありません。だから、フィナンシャルタイムズやウォール・ストリート・ジャーナルは、必死になって未来の情報にアクセスしようとするのです。

実際、日本の新聞を読んでいると、GAFAしかり、プライバシーしかり、アメリカ、欧州で3年、5年前に行われていた議論を、今頃になってやっている印象です。しかも、どうするべきなのか、はっきりと仮説を主張した記事は少ないです。これは記者の名前を出すか出さないか、という体制にもよりますが。

ファクトをしっかり伝えた上で、我々は、あるいは私はこうすべきだ、と見解を語る。主張をしていく。そのためにも、しっかり自分でも勉強するし、しかるべき人たちにしっかり取材していく。ニューヨーク・タイムズの記者による起業家への取材や、ベンチャーに関する本の出版の精密さには目をみはるものがあります。

ニューヨーク時代に驚いたのは、日本の新聞社の記者から電話がかかってくることでした。記者の方といえども、すべての現場での専門分野に通じていることは不可能なので、こうやって地道に情報源を辿っています。であれば、新聞を読むときにはその情報源はどこから来ているのかを考えたほうがより真相に近づけると考えるようになりました。

これはまちまちなのですが、メディアの情報は、本当にオーソライズされた信頼に足るものなのか。記者の持っている情報は、実はかなり限定されたものではないのか。それをそのまま信じることの危うさです。

それに対して英語のメディアは、誰に話を聞くか、はかなりシビアに見極められている印象です。投資家が読んでいるわけですから、おかしなものは書けない。結局、情報のソースは誰なのか、どの情報を誰が持っているのかを知っているか、というのが記者のバリューになります。それを自分でしっかり考えていかないと、見誤ってしまうからです。

もうひとつ、アメリカの記者と日本の記者の違いは、他業界の経験や専門領域を持っているかどうかです。アメリカでは、他の職業を経て記者になっている人がたくさんいます。医師出身、投資銀行出身、ＩＴ出身、弁護士出身など、多岐にわたる。いろいろな分野を渡り歩く人が、たくさんいるからです。

これは、記者としては強いと思います。日本では、政治やマクロ経済が得意な人はいますが、テクノロジーについてビジネスと絡めて書ける人というのは、ほとんどいないという印象です。それは新卒でそのまま新聞社に入って書くほうが無茶な話かもしれません。多くの分野の現場を担当して疲弊すればするほど、担当外のことを学ぶのは難しいと推察します。

情報収集を一つのメディアだけに任せる時代はもう終わっている、と私は感じています。さまざまなメディアや意見に触れて、その対照で真実や未来の方向性を浮かび上がらせるというのが、これからますます重要になってくると思います。

私もコラムを書かせてもらったりしていますが、記者でない人たちが、もっと多彩な考え方を書いていく場を設けたほうが、より多様な意見が読めるようになります。もちろん、それを整理することは大変ですが。

そして、これは記者に限らず、ですが、業種を超えた人材をもっと作っていったほうがいいのです。日本は同じ業界でどうしても固まってしまう。そうすると、見えないことがたくさん出てきてしまう。

アメリカでは大学でメジャー、マイナーと2つ、3つの専門領域を学び、さらに大学院で弁護士など他の専門性も作っていきます。学部でコンピュータサイエンスとギリシャ文学を学んで、アップルで働いたあと、大学院で医学を学ぶという人材が豊富なのです。いろいろな分野を渡り歩いていく人を受け入れる体制、それが、アメリカの強さにつながっているのだと思います。

これから必須の能力になる数学、統計学

これからビジネスパーソンに求められる素養として、絶対に忘れてはいけないのは、数学的な素養だと思います。数字に強くなることは、必須のスキルになる。さらに踏み込めば、統計学を理解することが重要になる。

ＡＩ（人工知能）の時代には、統計学は極めて重要になります。これまでの統計学は、統計ソフトウェアと人が向き合っていました。しかし、これからは扱えるデータ量がさらに増える。

ビッグデータという言葉は日本では２０１１年頃からよく言われるようになりましたが、

その当時と比べてさらに１００倍、１０００倍以上のデータを使いこなすことが当たり前になる時代がやってきています。

そのコントロールのために、欠かせないのが、統計学です。より勉強しなければいけなくなります。

文系の人の中には、数学は苦手だ、好きではない、という方もいらっしゃるかもしれませんが、これはやらないと置いていかれてしまう可能性が高いと思います。英語はいつか翻訳機（旅行向けなどはずいぶん出てきました）ができるからやらない、と20年前に言っていた方は今、相当苦労していると思います。しかも、この流れが変わることはまずない。

だから、学ぶしかないのです。今は数学やデータサイエンスなどを学べるスクールはたくさんあります。オンラインにもあります。数学にはセンスが必要だ、という声もありますが、スーパーデータサイエンティストになろうと思わず、最低限のことを理解するのであれば、ある程度の時間をかければ大変ではないと思います。

量は、間違いなく質を生むからです。量をこなさないのに、質を生もうとするとそれはセンスが必要になってきます。苦手だからこそ量を増やさなければなりません。

実際には、やっていない人がほとんどなのです。やっていないのに、判断してはいけない。だったら、やってみましょう、というだけです。

勉強すれば、間違いなく仕事や情報への接し方は変わります。私は、銀行時代に隣の席に京大理学部出身の数学がよくできる先輩がいてとても学びになりました。データの扱いに長けていました。通常は四苦八苦して定量分析の報告書を作成するのですが、十分にデータの扱いに慣れているので、プログラミングで多くの作業を自動化させていました。

数学や統計がわかっていれば、仕事がどう変わるか。それを実体験する機会を持ってみるのも、勉強に向かうモチベーションを高める、ひとつの方法だと思います。ゴールポストが遠すぎると人間はやる気が出ないのですが、すぐ近くにあれば頑張れるものです。

例えば、統計学がわかると、正しく情報を処理できます。正しくデータが読める。統計は極端な言い方をすれば、いかに少ないサンプルで母集団を正しく反映できるか、がポイントになるわけですが、逆に言うと、サンプルに常に頭が向かうようになります。

だから、嘘が読める。バイアス（偏見）に気づける。公正か、公正でないか。正しいデータかどうか、ということに敏感になれます。フェイクニュースや、メディアの恣意的な誘導にも乗らなくなります。洞察が深くなります。これはどうしてこうなっているのか、というエラーに気づきやすくなります。落とし穴があれば、早めに落とし穴に気づける。物事を見る上での、解像度が高まっていくのです。

『ファクトフルネス』という書籍がベストセラーになりましたが、人間にはとても誤解が多いのです。そこに気づけるようになるのが、統計学です。魔法のようなものではありませんが、その基礎がなければ、いろいろなデータで簡単に騙されてしまう。新型の感染症でもデマに攪乱されてしまう。データだけが一人歩きしてしまったりする。

相関関係と因果関係は別のものであるということを、きちんと理解できるようになります。ブロックチェーン（分散型台帳技術）を導入したら業績が上がりました、などという記事についてシビアに見極めができるようになる。感染症について発表されているデータが本当に意味があるものなのか、実はまだ隠されたデータがあるのではないか、他国との比較ができる状態なのか等々についても考える癖がつきます。

例えば、新型コロナウイルスでのＰＣＲや抗体検査などの精度の議論も、図表７－１に示したような実際の感染と非感染、検査での陽性と陰性のマトリックス図のようなものがすぐに思い浮かぶ癖がつかなければ、なかなか正しく把握することはできません。

検査で判明した感染者数のうち真の陽性者数の割合を表す数字を「感度」といいます。検査で判明した非感染者数のうち真の陰性者数の割合を表す数字を「特異度」といいます。単に「精度が高い」と聞いたとき、正確に分母と分子を頭に思い描けなければなりません。この場合は「感度」と「特異度」が高いこと（どちらを優先するかは検査の目的によります）を意味します。

図表7-1　新型コロナウイルスでの「真実の状態」と「簡易検査結果」のイメージ

		真実の状態（CTスキャンなど、より詳細な検査）		
		感染2万5000とする	非感染1397万5000	
簡易検査結果（PCR検査等）	陽性	真陽性 TP：True Positive 25000×70％ ＝1万7500	偽陽性 FP：False Positive 13975000×1％＝ 13万9750	真陽性数／検査陽性数 ＝陽性適中率 17500/（17500＋139750） ＝11.1％
	陰性	偽陰性 FN：False Negative 25000－17500＝7500	真陰性 TN：True Negative 13975000×99％＝ 1383万5250	真陰性数／検査陰性数 ＝陰性適中率 7500/（7500＋13835250） ＝99.9％
		真陽性数／感染者数 ＝感度 70％とする	真陰性数／非感染者数 ＝特異度 99％とする	

マトリックス図では、感度を70％、特異度を99％としましょう。

東京都内の2020年4月15日時点の累計感染判明者数（従来のPCR検査で陽性の人数）は約2500人です。実際の感染者数を多く見積もって10倍の2万5000人と仮定しても、東京都の全人口約1400万人の0・2％です（非感染者数は1397万5000人となります）。

検査で陽性と出た人の中で陽性反応が出て実際に感染している人の比率（陽性的中率）は、17500／（17500＋139750）＝11・1％です。

検査の感度がよくても、検査対象の母集団の中で実際に感染している比率が低い状態では、偽陽性が大量に紛れ込んでしまうわけで、これでは結果のデータを使って対策を立てて行動につなげるのは難しいでしょう。

また、単純に計算してみると、1400万人÷1万7500人（真の陽性）＝800人を検査してようやく1人の感染者を見つけることができます。1人見つけるために1人あたり1万円の費用として800万円かかることになります。

さらに、3月時点では従来のPCR検査の感度が70％程度といわれていたことからすれば、2万5000人の感染者数のうち、30％の7500人は偽陰性、すなわち陰性として取りこぼしてしまうということです。

ここまで仮定の数字での説明ではありますが、真実を見極めるのはこのように難しいことなのです。

この考え方は人工知能の仕組みにも使われています。例えば、人工知能が画像認識で猫と判断した画像を人間が改めて確認して、猫でないとわかった場合、それは偽陽性ということになる。この数字をなるべく減らすことで人工知能の性能は上がっていくのです。

このように、不確実性が高い危機のときや、技術が進むほど数字、データを読み解く重要性は増していきます。

英語は独学でも学ぶことができる

これから求められてくるスキルをもっと踏み込んで書けば、この4つだと思います。データサイエンス、プログラミング、ファイナンス、そして英語です。どの業界に行っても、この4つの技能は使うことになる。

英語についても、とりわけ会話が苦手だ、という意識を持っている人は少なくありません。ただ、それは自分で克服していくしかありません。苦手だと思っている人こそ。

私も英語を学び始めた頃は、英会話の必要性はそれほど感じませんでした。たまたま入学したのは、奈良にある中高一貫の西大和学園でした。西大和学園は、自民党の議員だった田野瀬良太郎さんが一代で作られた学校で、革新的な教育をしていました。グローバルな視点を持っていて、カリフォルニアに分校もありました。

カリフォルニアの小学校から上がって奈良にやってくる子どももいて、彼らは「カリフォルニア工科大学に進学したい」などと語っていました。周囲では、京都大学や東京大学への進学が当たり前でしたから、なるほどそんな選択肢があるのか、と知りました。

そして修学旅行もカリフォルニアで、1週間ほどホームステイをさせるのです。私はアメリカ人の学校の先生の家に行ったのですが、英語がまったく通じない。もちろん学校で英語を学んでいて、文法なども理解していたわけですが、まるで使えないということに気づかされたのです。

それで大きなショックを受けて、独学で英語を勉強しようと思いました。これはちゃんとやらないといけない、と考えて、まず始めたのがNHKの「ラジオ英会話」でした。

次に杉田敏さんがやっておられた「ビジネス英会話」で、ビニエットという劇をまるまる暗記したのを覚えています。20分ほどの番組の中に数分のひとつの劇が、毎日のコンテンツになっていました。そこにいろいろな日常会話、ビジネス会話が入っていて、覚えていけばビジネス英会話がマスターできる、というものでした。

高校の頃、とにかく単語もフレーズもまるまる覚えていく、というところから英会話の独学での勉強をスタートさせました。

ところが、日本で大学に入ってからボストンの大学を訪問しに海外旅行に行ってみると、やはり英語で困ることがあり、現地に住むことが有効だと感じました。それで、学内で学費無料で行ける交換留学の制度があったので大学3年次にニュージーランドのオークランド大学に1年間留学しました。

アメリカの大学にはいずれ行くだろうと思っていましたので、思い切り振り切って環境問題への関心が高いニュージーランドを選んだのですが、これが後の転機につながることになります。研究以外の世界を見てみたいと、東京大学の大学院に進学するきっかけになったのです。

その後、日本の銀行に入るにあたって、ニューヨークでの勤務を条件にしたのですが、これは留学経験があって、英語が話せるということが大きかった。そうでないのに、ニューヨーク勤務を条件にはできなかったはずです。

それでも、ニューヨークでは当初、ビジネス英語に苦労することになりました。ただ、銀行は基本的に数字の世界なので、英語以上に数字でのコミュニケーションが重要視されたのは幸運でした。

しかし、その後のハーバード大学でディスカッションなどに参加するため英語を磨くことになります。英語ができなければ、試験の成績がよくても、発言における評価が取れないためです。

本当に大事な情報は日本語に翻訳されていない、ということを知ったのも、この頃です。真実には角が立つものもあり、情報も伝えにくいので、埋もれたままになっているものが多い。日本語に翻訳されたものだけで世界をわかった気になってはいけないのです。それではバイアスのかかったものの見方になってしまいます。

日本人はまず、どんどん海外に出かけてみるべきだと思います。飛び込んでみて、英語が通じず、苦労する経験をする。言葉が通じない。チケットも買えない。そうした経験を通じて、やっぱり英語は重要だな、と感じるようになる。それが、英語を学ぶ大きなモチベーションになっていくはずです。

金融×統計学×英語、「組み合わせ」の掛け算で強みをつくる

もう亡くなられてしまいましたが、任天堂の社長を務めておられた岩田聡さんが、こんなことをおっしゃっていました。得意なこと、好きなこと、社会的な報酬があること、の3つが重ならない仕事はうまくいかない、と。

まさにその通りだと思いました。意識して猛烈に何かをやる、というよりも、自然体でやっていて、気づいたらうまくいっている。報われたり、認められたりしている。そういうことこそ、自分に合った仕事だと思うからです。

私自身、起業家支援というのは自然体のように学生の頃からやっていました。人に会うこ

とがとにかく大好きですから、いろいろな人に会って話をすることは苦でもなんでもありません。また、新しい情報に接し、知的好奇心を満たせることは楽しくてしょうがない。この仕事は自分に合っているのかな、と思っています。

そもそも人は、いろいろな掛け算をどんどん増やしていくことで、実はどんどんニッチになっていきます。

例えば、金融が好きで、統計を学んでいて、プログラミングと英語ができて、カリフォルニアに住んでいる日本人。おそらくこれだけで、数人になるでしょう。ここに大阪出身の30代と入れたら、もう1人になるわけです。ニッチになれるわけです。

ただ、注意をしなければならないのは、単なるニッチ、オンリーワンになっても意味はない、ということです。大事なことは、ニッチになった後、そのニーズが上がるのか、下がるのか、ということです。ニーズが上がらなければ、ニッチになってもしょうがないのです。

世界に一つだけの花、オンリーワンという言葉が、日本では大ヒットしましたが、オンリーワンになるのは掛け算をすれば意外に簡単なのです。そうではなくて、そのニーズが上がるか下がるか、こそ、よく見極めないといけない。

そのために使えるのが、好きなこと、得意なこと、社会的な報酬があること、この3つのバランスです。そしてもう一つ、私が意識しておくべきは、世界だと思っています。

70億人の世界から見れば、ほとんどの日本人はトップ1%のオンリーワンになれます。好きなこと、得意なこと、社会的な報酬があることを意識して、自分の仕事を定めるだけで、このくらい価値がある可能性がある、ということです。

ところが、そのことに日本人が気づいていない。なぜかといえば、国を出ないからです。もっといえば、会社を出ないことも大きいと思います。国を出て、会社を出る。日本人はもっと外に出れば、「意外に自分には得意なことがあるじゃないか」ということに気づくことができるのです。

大学を出て、同じ会社でずっと働く人が多いのが、日本です。日本を出て、海外で働く人はほとんどいない。日本という国の、さらには一つの会社のスタンダード、数ある多様なものさしのうちの一つでしか自分を測っていない。

にもかかわらず、ああ自分はこの程度だ、もう先はないのではないか、などと考えてしまうのは、あまりにももったいないことです。

70億人の地球規模で見てみれば、まったくそんなことはない可能性だってあるのです。しかも、世界のものさしはどんどん変わっていく時代です。今は日本でものすごく優秀だと言われている人たちが、10年後にはまったく役に立たなくなっていることだって起こり得るのです。

だからこそ、見るべきは世界のものさしであり、未来のものさしです。それはどうなるのだろうということを考えておかないといけない。これまでの「ランキング」のようなものがまったく関係なくなることだってありうるのです。

日本人は、もっと世界を見に行ったほうがいい。もっと人と会ってきたほうがいい。私はこれまでに100近い地域や国を訪れています。豊かなヨーロッパの国々も旅しましたし、ボリビアや東ティモールなど開発途上国にも行きました。

旅は新しい知的刺激を得ることができるわけで、新しい発見を自分に与えてくれます。そこから、自分の中に新しい価値を作っていくことができます。自分だけが大事にできる、自分の価値観です。

今、日本の子どもたちは自分で考える機会が少なくなってしまっています。秘密基地を作ったり、冒険や挑戦をしたりといった遊び方ではなく、用意された道具やゲームで遊ぶ傾向が強くなっています。留学する学生が減っているのも、こうしたことが関係しているのではないかと感じます。

何か面白いものがあるらしい、と一人で飛び込んでいくといい。そこから新しい世界が広がっていく。そうやってこそ、自分のポテンシャルにも気づけるのです。

思考停止に陥ることなく、自分の価値観を持つ

海外に住んで、外から日本を見られるようになって感じたのは、極めて権威的である、ということでした。例えばランキングが大好きで、それで物事を判断しようとする。しかし、ランキングは、恣意的に作られているものも少なくありません。そのランキングにどれだけの価値があるのか、しっかり疑問を持たないといけない。

ところが、それをしないから、ランキングが権威化してしまう。逆に、その権威にすがればなんとかなる、と考えるようになる。しかし、それは神社にお参りしてお願いしているのと大して変わらないでしょう。

例えば、その最たるものが「就職人気ランキング」ではないでしょうか。何の価値もないでしょう。そもそも学生はまだ一度も仕事をしたことがないわけです。就職したこともない。そんな学生が出す人気ランキングとはいったい何なのか。

よく言われますが、蕎麦屋に行ったことがない人たちが、蕎麦屋に入る前にやっているレビューのようなものです。それを参考にして、さて蕎麦屋に行くでしょうか。

そんなものをバロメーターにしたら意味がありませんし、どれほどバイアスがかかってい

るのか、ということを見るべきだと思います。単にCMで見たとか、CMに有名な女優が起用されていたとか、そんな企業イメージがランキングを作り出している。そこに本当に意味があるのかを考えないといけない。

しかし、こうした権威を日本人が使いたがる理由もわかります。考えなくてよくなるからです。自分がどうしていきたいのか、それを考えなくていい。人に説明しなくていい。外のものさしに合わせるだけだから、楽なのです。

しかし、安易な選択は後に禍根を残します。本当にその選択は正しかったのか、自己肯定感がないからです。本当の意味で選択していない。実はそのことに自分は気づいているのです。

大学の選択も同じです。偏差値が高いから、という理由だけで選んでいたら、不都合な事実にも出会うことになります。日本で最高峰の東京大学も、世界の大学ランキングでは30位台なのです。もっともっと上があるのです。

そしてアメリカは、日本以上に学歴社会です。アメリカで認められている一流大学を出ているか、出ていないかで、相手の対応はまったく変わってきます。恐ろしいくらいにドライです。極めてビジネスライクに、判断されます。

しかし、それ以上の意味はありません。トップスクールにいたかどうか、というのは単なるパスポートです。それ自体が、価値を生むわけではない。その上で何をするか、こそがアメリカ人の聞きたいことなのです。

世界に出たら問われるのは、自分の価値観は何なのか、です。どうしてその選択をしたのか、です。そこでしっかりと自分を語れなければ、どんな学校に行っていたとしても、残念なことになります。

逆に、どんな選択をしたとしても、などということになると話にもなりません。権威やランキングで選んだ、などということにもなりません。としても、これが自分の人生だ、とはっきりいえる人はリスペクトを得られます。自分の人生をきちんと生きている人だからです。

他人の価値観に合わせる必要はないのです。それは、他人の持っている価値観です。それに合わせていたら、自分ではなくなってしまう。相手がエリートだろうが、ITのスペシャリストであろうが、有名な人であろうが、そんなことは関係ありません。自分は自分の価値観を貫いていけばいいのです。

これが、どうにも日本人には苦手に見えます。誰かが作った権威のようなものに、いつも振り回されてしまう。他人の評価をやたらと気にしてしまうのはもったいないです。

しかし、地球上の70億人の中で、今目の前にいる評価者は本当に自分にとって大切な人なのか、と考えてみる必要があります。気が合う人なんて、おそらく半分もいないはずです。だったら、そんな人は放っておいて、自分のことをわかってくれるかもしれない人に、どんな人生を送りたいのかを語るほうが有意義ではないでしょうか。そのほうが、よほど面白い人生になります。

権威に縛られ、同じことを求められ、窮屈な日々を過ごさないといけなくなるから、いじめのようなものも起きやすいと私は思っています。同じ学校に毎朝行き、40人ずっと毎日顔を合わせていたら、おかしくなるのも当然です。実際、大学に入ったら、いじめのほとんどはなくなる。みんな、自由になるからです。

これは会社にも通じるところがあるかもしれません。もっと大きな世界があるのです。そこにこそ、目を向けるべきです。

「高い目標」をもって学び続ける

テクノロジーの進展がもたらしているのは、「顧客が最高に満足できる体験」が次々に届けられていることです。しかも、そのレベルはどんどん高くなっている。

アップルしかり、グーグルしかり、アマゾンしかり、テスラしかり、ネットフリックスしかり、人々から高い支持を得ているビジネスは、それを目指し、そこに近づこうとしています。

そうすると、顧客は満足できるようになるわけですが、ここでひとつ注意すべきことがあります。自分の求めるもののレベルが下がると、提供されるもののレベルも下がっていく危険がある、ということです。

マスメディアが大衆迎合的になり、知的洞察のレベルを下げたコンテンツを増やしていったのと同じようなことが、自分にも起こりかねないのです。目線を下げてしまうと、それをキャッチしたＡＩが、さらに目線を下げたものを送り込んできます。その連鎖が続いてしまう危険性があるということです。

なぜかといえば、そのほうがあなたという顧客は満足するから。そう判断されてしまうからです。その結果として、サービスの担い手は儲かるからです。アルゴリズムが働いたほうが、うまくいくビジネスなのです。そしてこれが、どんどん個人に収斂されていくようになる。

だからこそ、今こそ高い目標を持って生きることが大事になってくると私は思っています。人間は、自分が設定する目標以上の上には行けません。高い目標を据えるからこそ、その目標に近づくことができる。目標は勝手にやってきてくれるわけではないのです。

そして人生で何が一番大切なのか、を理解しておくことも大事です。

もう昔の話ですが、私は中学のとき、ゲームにどっぷりハマってしまった時期がありました。パズルゲームや格闘ゲームが出てきた頃で、とにかく刺激的で、面白くてしょうがなかった。そして1週間、学校を休んでゲームをやりました。

親はよく許してくれたと思いますが、そこではたと気づきました。確かにゲームは刺激があるし、快楽をもたらしてくれました。しかし、それをずっと続けていても、面白くないと。なぜか。自分自身はまったく成長していなかったからです。ただ、時間を過ごしていただけだったからです。自分自身に持続的な成長があって初めて、それは本当の刺激になり、面白いと感じるのだと、このときに知りました。目標を持って、自分を成長させることの意味がよくわかったのでした。

そして世の中を見渡してみると、たくさんの解決しなければいけない問題がある。やるべきことは、山のようにあるのです。しかも、私は父を事故で亡くしていました。人間は、いつ死ぬかわからない。なのに、贅沢を追いかけて生きていくのも違う、と思いました。

これは私自身の自戒を込めて言うのですが、日本人は今こそ勉強しなければいけないと思います。

社会人になったら仕事が一番で、勉強は遊び、という感覚が日本企業にはあると思います。しかし、世の中はすっかり変わっています。かつて大学で学んだことは、今ではかなり古いものになっているはずです。今の大学では、相当アップデートされたものが教えられている。にもかかわらず、大多数の人が、昔の知識のままでいる。大学で学び直すこともない。社会人・役員向けに用意されている、海外の有力大学のエグゼクティブプログラムを利用することもあまりないようです。会社で意思決定をしなければならない人でも、知識をアップデートできているのかどうか。特にテクノロジーの世界は、新しいものがどんどん出てきます。常にキャッチアップしていく必要があります。

アメリカ人は、猛烈に勉強します。大人になってからのほうが勉強する。働きながら大学院に通う人も多い。大学生も、とんでもない時間、勉強しています（日本の高校三年生は大学受験に向けて世界で一番勉強していると思いますが、その時間を彼らは受験科目でなく、データサイエンスやプログラミングなど生きた学問を勉強しています）。ベンチャー企業の社員も勉強する。

シリコンバレーにはUCバークレーとスタンフォードがあります。地理的にも学びには恵まれていて、企業は働きながらその授業を取れる福利厚生も用意しているところが多いです。学び続けないといけないということです。日本人の仕事キャリアはこれまで直線的でした。エスカレーターで上がっていくとして、そのエスカレーターの行き先が本当に正しいところなのか。それを冷静に考えてみる必要があります。

そしてその正しい行き先を知るためにも勉強する。徹底的に、社会人こそ勉強しなければならないのです。

おわりに

日本におけるベンチャー投資や海外のブームはとてもよいことだと感じています。しかし、海外事務所を開いた後に、なかなか海外のよいテックベンチャーに出資ができない。あるいは、質の悪い紹介や情報サービスに引っかかってしまって困っている。そんな現状をだんだん耳にするようになりました。

本書で知っていただきたかったことは、特にシリコンバレーでは、投資のハードルはニューヨークなど東海岸以上に高い、ということ。そして、いい投資をするためには、相応の情報を取るためのコストと人材が求められてくる、ということでした。

ただ、私が何より警鐘を鳴らしたいのは、ちょっとトライして、うまくいかないからと、あるいは新型コロナウイルスのような外部要因を理由にして新規投資をやめてしまうことです。投資そのものには、大きな意義があるからです。

ベンチャー投資へのリスクマネーの供給という意味では、日本は今やアメリカ、中国の2割以下という現状があります。１９８０年頃には、日本はアメリカと同水準だったことが、まるで嘘のようです。

たしかに投資の難易度は高いです。しかし、テクノロジーの情報が入ってくるベンチャーキャピタル出資を中心にして業種や投資ステージなどをうまくポートフォリオで組むなど選択肢もあります。

あくまで最終目標は、未来の本業に相乗効果が期待できる投資先を見つけ、協業し必要あれば買収し、自社とのイノベーションにつなげること。そのためには、複数のＬＰ（有限責任組合員）出資から検討を始めるという方法から、必要であればコーポレートベンチャーキャピタル（ＣＶＣ）を設立し、自社投資につなげていけばいい。

今、起きていることはテクノロジーがビジネスのあり方を変えてきていることです。それくらい、技術の進歩は早い。テクノロジーを理解していなければ、経営は立ち行かなくなってきています。

企業がこの先どう進んでいくかの目利きは、経営トップがするしかありません。トップがもし技術に詳しくなく、とりわけＩＴの領域に疎く、システム担当の役員に丸投げをしているようでは、予測を見誤ってしまいかねません。

これからの経営で必要なことは、テクノロジーのわかる人材が経営陣にいること（最先端であれば、必然的に若い役員になるはずです）。ベストなのは、海外でも十分に通用している若い企業を買収して経営陣にして社長とツーカーの仲を作ることです。

例えば、日本を代表する大企業が、専門知識を持つ20代の外国人の若者を役員に据えることがありうるか。今は遠い未来に見えるかもしれませんが、いずれ変化の荒波を超えていくには、こうした多様性を受け入れた体制は必須のものになると私は考えています。

「長く故障しない」価値よりも、「より便利になる」価値のほうがどんどん高くなってきているのが、今の世の中です。片づけ・断捨離がブームになるように、モノが溢れているからこそ起こる現象も今後、加速していくでしょう。

そしてテクノロジーでも、より上位の概念になる基盤テクノロジーまで見ておかないと、足元をすくわれかねない状況になってきている。業界に詳しい人ほど、業界とは一見、関係なさそうな技術の変化に無関心で、気づいたときには挽回が難しいという状況に陥ってしまう危険があるのです。

自分の業界はここまでやればいい、という概念もどんどん薄れつつあります。上位の概念、インフラ基盤に常に気を配ることが、これまで以上に求められてきている。日本企業は、日本は、本当に変わらなければいけない時期に来ているのです。

しかし、行動を起こすのに遅すぎることはないと思っています。ドラスティックな変化によって、再び高成長で世界を席巻する日本企業に少しでも貢献できれば幸いです。

シリコンバレーにて、多くの示唆をいただきましたソースネクスト社長・松田憲幸氏、スタンフォード大学研究員・櫛田健児氏、独立行政法人日本貿易振興機構（ジェトロ）サンフランシスコ元事務所長・中沢則夫氏、Drivemode（ドライブモード）創業者・古賀洋吉氏、金子恭規氏をはじめとする先輩方に感謝申し上げます。

日本の未来のために、本書が少しでもお役に立てますことを願っています。

2020年5月

山本康正

【著者紹介】
山本康正（やまもと　やすまさ）
1981年、大阪府生まれ。東京大学で修士号取得後、三菱UFJ銀行ニューヨーク米州本部に就職。ハーバード大学大学院で理学修士号を取得。修士課程修了後、グーグルに入社し、フィンテックやAI（人工知能）などで日本企業のデジタル活用を推進。ハーバード大学客員研究員。日米のリーダー間にネットワークを構築するプログラム「US-Japan Leadership Program」諮問機関委員、国立研究開発法人新エネルギー・産業技術総合開発機構 事業カタライザー。2018年よりDNX Ventures インダストリー パートナー。京都大学大学院総合生存学館特任准教授。
著書に『次のテクノロジーで世界はどう変わるのか』（講談社現代新書）がある。

問合せ先：yamamototech2020@gmail.com

シリコンバレーのVC=ベンチャーキャピタリストは何を見ているのか
2020年7月2日発行

著　者——山本康正
発行者——駒橋憲一
発行所——東洋経済新報社
〒103-8345　東京都中央区日本橋本石町 1-2-1
電話＝東洋経済コールセンター 03(6386)1040
https://toyokeizai.net/

カバー・本文デザイン……竹内雄二
ＤＴＰ……………………森の印刷屋
カバー写真………………村越将浩
印刷・製本………………丸井工文社
編集協力…………………上阪　徹
編集担当…………………藤安美奈子
　ISBN 978-4-492-55797-6